T0128985

Como decía mi tía Graciana

refranes mexicanos

Miguel Lagunas

iUniverse, Inc.
Bloomington

Como decía mi tía Graciana
refranes mexicanos

Copyright © 2011 by Miguel Lagunas

All rights reserved. No part of this book may be used or reproduced by any means, graphic, electronic, or mechanical, including photocopying, recording, taping or by any information storage retrieval system without the written permission of the publisher except in the case of brief quotations embodied in critical articles and reviews.

iUniverse books may be ordered through booksellers or by contacting:

iUniverse
1663 Liberty Drive
Bloomington, IN 47403
www.iuniverse.com
1-800-Authors (1-800-288-4677)

Because of the dynamic nature of the Internet, any web addresses or links contained in this book may have changed since publication and may no longer be valid. The views expressed in this work are solely those of the author and do not necessarily reflect the views of the publisher, and the publisher hereby disclaims any responsibility for them.

Any people depicted in stock imagery provided by Thinkstock are models, and such images are being used for illustrative purposes only.

Certain stock imagery © Thinkstock.

ISBN: 978-1-4620-6940-8 (sc)
ISBN: 978-1-4620-6942-2 (hc)
ISBN: 978-1-4620-6941-5 (e)

Printed in the United States of America

iUniverse rev. date: 12/22/2011

En cada refrán hay una verdad (*In each saying there is truth*)

En tus apuros y afanes, escucha consejos de refranes (*In your struggles and troubles, listen to the advice of proverbs*)

La persona que es curiosa, tiene un refrán para cada cosa (*The curious person has a saying for each thing*)

Prologue

When I was a child there was no doubt in my mind that my Aunt Graciana existed, since my mom used to mention her daily. While growing up and after my parents and friends asked me, I also have asked myself: Who is, or was Aunt Graciana?

I never knew her. As an adult I have not been able to do an in-depth study of who Aunt Graciana was. I definitely know that my mother was born in Pachuca in the state of Hidalgo, Mexico and that my grandmother "Golina" left Tia Graciana to look after my mother when she came to Mexico City to work as so many immigrants did at the beginning of the twentieth century. When my dear Golina settled in the Federal District she sent for her daughter, my mother. There she met my father and they married creating a family that never again returned to live in Pachuca. I am proud to have been born and raised in Mexico City but more proud of the proverbs of my Aunt Graciana.

My mother "Má Toli" never forgot the teachings of her aunt Graciana. Every so often with phrases and proverbs she used to teach us saying "As my aunt Graciana used to say" and citing a proverb that corrected our actions, she told us how to live in peace and harmony with others. Examples of that education are innumerable. With this text I have tried to immortalize all those sayings. It is difficult to remember all the proverbs and for that reason this is a dynamic book. I want to say that it can continue growing.

All Spanish speaking families have an "Aunt Graciana" known in each family by a different name. I would personally appreciate if everyone who reads this book sends proverbs that are not currently in this initial edition so that they can be included in future editions. This would transform it into an educational and international book. I believe that many modern parents would benefit from being able to educate the new generations with the morals of our ancestors.

Myself, including those in my family have been educated with these proverbs. My brothers, sisters and I will carry that education to our graves.

Prólogo

Cuando yo era niño no había duda en mi mente de la existencia de mi Tía Graciana pues mi mamá la mencionaba a diario. Al crecer y después de que mis parientes y amigos me preguntan, yo mismo me he preguntado: ¿Quién es, o era, la Tía Graciana?

Yo nunca la conocí. Ya de adulto no he podido investigar a fondo quien era la Tía Graciana. Por seguro sé que mi madre nació en Pachuca en el estado de Hidalgo en México pero mi abuela "Golina" se la encargó a la Tía Graciana cuando Golina vino a la ciudad de México a trabajar como tantos inmigrantes lo hacían a principios del siglo veinte. Cuando mi Golina se estableció en el Distrito Federal mandó a traer a su hija, mi madre. Allí ella conoció a mi padre y se casaron formando una familia que nunca regresó a vivir a Pachuca. Yo estoy orgulloso de haber nacido y crecido en el DF pero estoy más orgulloso de los refranes de mi Tía Graciana.

Mi madre "Má Toli" nunca se olvidó de las enseñanzas de su tía Graciana. Con frases y refranes nos educaba diciéndonos a cada rato "Como decía mi Tía Graciana" y mencionando un refrán que rectificaba nuestras acciones y nos decía como vivir la vida en paz y con armonía para todos. Ejemplos de esa educación son innumerables. Con este texto he tratado de inmortalizar todos esos refranes. Es difícil recordar todos los refranes por eso este libro es un libro vivo. Quiero decir que puede seguir creciendo.

Todas las familias de habla hispana tienen una "Tía Graciana" conocida en cada familia con un nombre diferente. Yo personalmente agradecería que cada uno de los lectores nos manden refranes que no estén en esta edición inicial ahora para incluirlos en nuestras ediciones futuras. Esto lo convirtiría en un libro educacional e internacional. Creo que muchos padres modernos se beneficiarían al poder educar a las nuevas generaciones con la moral de nuestros antepasados.

Nosotros, en mi familia nos hemos educado con esos refranes. Esa educación la llevaremos mis hermanos, hermanas y yo hasta la tumba.

A life of proverbs

Prof. Manuel F. Medina

University of Louisville

I knew about Aunt Graciana when I met Miguel many years ago on my arrival to Louisville. The proverbs used to appear in the column of the monthly bulletin of the now inactive Louisville Latin-American Club. With time, I realized that the list of proverbs, expressions and sayings turned out to be a complete body of work compiled by Mr. Miguel throughout his life.

The book presented here represents the editorial effort of a Mexican who learnt to listen to the snippets of wisdom impregnated in the culture, shared across generations, disseminated orally and passed from parents to children. Proverbs are good for educating in a way that the moral is at the same time easy to remember and effective in its instruction, one that will be reinforced by constant repetition. A child learns the "the lazy works twice as much" or that "no matter how early you get up you cannot make the sun rise any sooner". An elderly person can recite nonstop these pieces of advice, warnings, and wisdom learnt throughout his/her life. A young person listens to popular and family voices that instruct on how live according to his/her region's ideology. The proverbs will also help the youth choose his/her own lifestyle which will generally follow the set path or at least one delineated verbally by popular expressions framed within his/her inner being. A conscious desired to learn proverbs is not necessary. Proverbs trap us and don't allow us to escape. Sayings and popular expressions from certain homes, accompany forever those who hear them being recited frequently within their home environment. Proverbs operate like the collective memory of a people and have lasted due to their unmatched ability to preserve in a short and concise phrase the traditions of the people.

Miguel Laguna's project possesses the unique feature of becoming the first successful attempt at clinging to a distant culture when he migrated to the United States, specifically to Louisville, to take university courses. Secondly, it represents his desire to share elements of his culture with the new world he adopted and of which he has been a part of for many years. The book is a perfect example of a text that operates in the virtual border between both cultures. Miguel tries to unite them through his book.

He invested a great deal of time specifically in making the proverbs native to Spanish and Mexican culture and by extension Latin American culture, which can also be appreciated by those who do not have a good command of the Spanish language. The task of translating carries with it an effort to transmit the cultural connotation that attached to the linguistics, allows the original message to be communicated with the greatest accuracy possible in the language in which it is transposed into. Miguel has conducted thorough research in order to deliver the best translation possible. And with this book, he has achieved it. But probably, the best thing that has been realized with the compilation of this book is its ability to transport (literally and metaphorically) the wisdom passed from generation to generation from his native Mexico to this Kentuckian land that for decades he adopted as his second home. *As my aunt Graciana used to say* develop self-denial, affection, dedication and give to your two homelands.

Una vida en refranes

Prof. Manuel F. Medina

University of Louisville

Conocí a la Tía Graciana cuando conocí a Miguel hace muchos años cuando llegué a Louisville. Los refranes aparecían en la columna mensual del boletín del ahora pasivo Club Latinoamericano de Louisville. Con el tiempo, me di cuenta que la lista de refranes, expresiones y dichos resultaba una corpus entero de obra recopilada por don Miguel a lo largo de toda su vida.

El libro que aquí se presenta constituye el esfuerzo editorial de un mexicano que aprendió a escuchar los retazos de sabiduría impregnados en la cultura, compartidos a través de generaciones y diseminados oralmente y pasados de padres a hijos. Los refranes sirven para educar de una manera que la lección resulte a la vez fácil de recordar, y eficaz al enseñar una lección que permanecerá con el que la escucha de manera repetida, constante e incesante. Un niño aprende que el que el "vago trabaja dos veces" o que "no por mucho madrugar amanece más temprano." Un anciano puede recitar sin parar los consejos, advertencia y sabiduría aprendidos durante toda su vida. Un joven escucha las voces populares y familiares que lo instruyen a vivir según la ideología de su región y que le ayudarán a seleccionar su propio estilo de vida que generalmente seguirá el camino marcado o por lo menos delineado verbalmente por las expresiones populares enmarcadas dentro de su ser. No importa si existía voluntad de aprenderlas o no. Los refranes nos atrapan y nunca nos dejan escapar. Los dichos y expresiones populares de cierta casa, acompañan para siempre a los que los oyen recitados con frecuencia dentro del espacio en que crece. Los refranes operan como la memoria colectiva de un pueblo y se han perpetuado por su capacidad inigualable de poder en una frase breve y corta postergar las tradiciones de los pueblos.

El proyecto de Miguel Lagunas posee la particularidad de haberse convertido en un intento fructífero de primero aferrarse a una cultura que quedó distante cuando él emigró a los Estados Unidos, particularmente a Louisville, a cursar sus estudios universitarios. En segundo lugar representa su afán de compartir elementos de su cultura con el mundo nuevo que adoptó y del que ha formado parte desde hace tantos años. El libro constituye un ejemplo perfecto de un texto que opera en la frontera virtual que limita a ambas culturas. Miguel trata de unirlas a través de su libro. Invirtió mucho tiempo precisamente en hacer que los refranes originarios del español y de la cultura mexicana y por extensión latinoamericana puedan ser apreciados por aquellos que no dominan el español. La tarea de traducir conlleva un esfuerzo de transmitir la connotación cultural que unida a la lingüística permite que el mensaje original se pueda comunicar con la mayor fidelidad posible en la lengua a la que se la transpone. Miguel ha realizado labor a fondo de investigador para poder entregar la mejor traducción posible. Lo ha logrado. Pero probablemente, lo que mejor haya llevado a cabo con la compilación de este libro sea poder transportar (literal y metafóricamente) la sabiduría pasada de generación a generación en su originario México a esta tierra kentuckiana que él hace décadas adoptó como su segunda tierra. *Como decía mi tía Graciana* revela su abnegación, cariño, dedicación y entrega hacia sus dos patrias.

A bodas y niño bautizado no vayas sin ser invitado *(Attend weddings or baptisms only if you are invited)*

A buen entendedor pocas palabras bastan *(A good listener needs few words)*

A burro viejo, aparejo nuevo *(Dress up an old mule with a new harness)*

A caballo regalado no se le mira el diente *(Don't look a gift horse in the mouth)*

A cada capillita le llega su fiestesita *(Every dog has it's day)*

A cada pajarito le gusta su nidito *(Each little bird likes his own little nest; (A man's home is his castle))*

A cada pez le llega su vez *(Every fish gets its turn)*

A cada santo le llega su fiesta *(Every saint gets his feast)*

A casa de tu tía mas no cada día *(Don't overstay your welcome, even if it is at your relative's house.)*

A casas viejas puertas nuevas *(New doors for an old house)*

A César lo que es del César y a Diós que te vaya bien! (Give to Caesar what is Caesar's, and to God what is God's.)

A comer sé tú el primero, a pelear ni el postrero *(Be the first one to eat but the last to fight)*

A comer y a misa, una vez se avisa *(To eat and to Mass one is called only once)*

A costillas de los enfermos comen los deshonestos *(The dishonest eat at the expense of the sick)*

A cualquiera se le muere un tío *(Anyone can lose an uncle)*

A cuenta de los gitanos hurtan muchos castellanos *(Many Spaniards pilfer and blame the gypsies)*

A Dios rogando y con el mazo dando *(God helps those who help themselves)*

A donde el corazón se inclina el pie camina *(The foot walks towards where the heart is pointing)*

¿A dónde va Vicente? Adonde va la gente *(Monkey see, monkey do)*

A ese santo le sobran veladoras *(That saint has more than enough candles)*

A falta de gallina, bueno es el caldo de habas *(When there is no chicken, bean soup is good)*

A falta de tortillas, hay que comer pan *(When there are no tortillas, one must eat bread)*

A fuerza ni las gallinas ponen *(Not even hens lay eggs when forced)*

A fuerza ni los zapatos entran *(Not even a small shoe will fit when forced)*

A ganado flaco no hay que apurarlo *(One must not rush a skinny cow, (You can't force someone who doesn't know))*

A gato viejo, ratoncita tierna *(A young mouse for an old cat, (a young woman for an old man))*

A gran pecado gran misericordia *(Great mercy for great sins)*

A gran salto, gran quebranto *(Big jumps, big disappointments)*

A grandes males, grandes remedios *(Big problems, big remedies)*

A grandes riesgos, grandes desilusiones *(Big risks, big disappointments)*

A granero robado, échale cerradura y candado *(Double-lock a robbed storeroom)*

A jugar y perder, le corresponde pagar y callar *(He who gambles and loses must pay and keep quiet)*

A la buena mujer con un marido le basta *(A husband is enough for a good woman)*

A la casa vieja, no le faltan las goteras *(An old house does not lack leaks)*

A la feria muchos van, pero a ver y no a comprar *(Many go to the fair, but to look and not to shop)*

A la fruta dura, el tiempo madura *(Time ripens hard fruit, time matures immaturity)*

A la hija muda, su madre la entiende *(A quiet daughter is understood by her mother)*

A la luz de la tea, ni la más fea es fea *(By the light of the torch, not even the ugliest is ugly)*

A la mujer ni todo el amor ni todo el dinero *(Don't give a woman all your love or all your money)*

A la piel ya arrugada, ni las mejores cremas le hacen nada *(If the skin is already wrinkled, not even the best creams have any effect)*

A la ramera y al cirquero sólo jóvenes los quiero *(I like the streetwalker and the trapeze artist only when they are young)*

A la tierra que fueras has lo que vieras *(Wherever you go do what you see being done; when in Rome do as the Romans do)*

A las diez, en la cama estés; mejor antes y con tres! (Be in bed by ten; better yet earlier than later)

A lo hecho, pecho *(Face up to whatever is already done)*

A lo que has de negarte, niégate cuanto antes *(If you are going to say "no" say it as soon as possible)*

A los locos, por su lado *(Leave the crazy to their own devices)*

A los que poco saben, pocas dudas les caben *(Those who know little have few doubts)*

A marido ausente amigo presente *(When the husband is away a friend will be close by)*

A más doctores, más dolores *(The more doctors, the more pains)*

A más no poder, me acuesto con mi mujer (When there is no other choice, I sleep with my wife)

A mucho hablar, poco acertar *(Much talk, little truth)*

A mujer inquieta le da por la puerta *(A restless woman looks for the door)*

A mujer y a la cabra no las ates con reata larga *(Don't tie a woman or a goat with a long leash)*

A otro perro con ese hueso *(Give that bone to another dog, (go try that on someone else)*

A palabras de borracho, oídos de cantinero *(Only the bartender knows how to listen to a drunk)*

A palabras necias oídos sordos *(Close your ears to foolish words)*

A pan duro, diente agudo *(Hard bread requires sharp teeth; difficult situations need grit)*

A perro dormido, déjalo dormir *(Let sleeping dogs lie)*

A pesar de ser tan pollo, tiene más plumas que un gallo *(Even though he's such a young chicken, he has more feathers than a rooster)*

A piloto diestro, no hay mar siniestro *(There is no bad sea for a skillful captain)*

A puertas viejas, aldabas nuevas *(new hardware for old doors; new latches for old doors)*

A quien come muchos manjares, no faltarán enfermedades *(He who eats many sweets will not lack illnesses)*

A quien debas contentar, no procures enfadar *(Try not to make angry he whom you need to please)*

A quien Dios no le dio hijos, el diablo le da sobrinos *(To whom God didn't give children, the devil gave nephews)*

A quien hubieras vencido no tengas como amigo *(Don't keep as a friend someone you've already defeated)*

A quien labora Dios lo mejora *(God helps those who help themselves)*

¿A quién le dan pan que llore? *(Who can cry if he's given bread?, who gets something for free and complains?)*

A quien le venga el saco, que se lo ponga *(If the cap fits wear it)*

A quien mucho miente le huye la gente *(People stay away from frequent liars)*

A quien paga por adelantado, mal le sirve el criado *(He who pays in advance will be poorly served)*

A quien te engañó una vez, jamás le has de creer *(Never believe those who have lied to you once)*

A quien te hizo una, hazle dos, aunque no lo mande Dios *(If someone tricks you once, trick him twice, even though this is not what God teaches)*

A quien tiene malas pulgas, no le vayas con burlas *(Don't tell jokes to a grumpy person)*

A río revuelto, ganancia de pescadores *(If the river rises, the fishermen thrive)*

A su tiempo maduran todas las frutas *(All fruits ripen in due time)*

A tal señor, tal honor *(Give honor where honor is due)*

A toda ley, ama a tu Dios y sirve a tu rey *(Above all, love the Lord your God and honor your king)*

A tu hijo dale oficio, que el ocio es padre del vicio *(Give your son a profession, as idleness is the father of all bad habits)*

A tu mujer por lo que valga y no por lo que traiga *(See your wife for what she is worth and not for her material value.)*

A tu palo gavilán y a tu matorral conejo (*hawk to your tree and rabbit, to your bush; each person in his proper place)*

A un clavo ardiendo se agarra el que se está hundiendo *(A drowning person will grab a burning hook)*

A veces el deseo mata el amor *(Sometimes desire kills love)*

A ver si como roncan duermen *(Let's see if they sleep the way they snore)*

Abad avariento, por un bolillo pierde un ciento *(A greedy abbot to get one roll will lose a hundred)*

Abogado sin conciencia merece gran sentencia *(A lawyer without principles deserves a strong sentence)*

Aborrecer tras haber querido, mil veces ha sucedido *(Hate after having loved has happened a thousand times)*

Abracitos no hacen hijos, pero son preparatijos *(Hugs don't bring children, but they lead up to them)*

Abriga bien el pellejo si quieres llegar a viejo *(Keep yourself warm if you want to live long)*

Acciones sin pensar siempre mal van a acabar *(To act without thinking always ends up badly)*

Acertar errando, sucede de vez en cuando *(Getting it right by making a mistake happens once in a while)*

Acuérdate nuera que serás suegra *(Remember, daughter-in-law, that you will be a mother-in-law)*

Acuérdate suegra que fuiste nuera *(Remember, mother-in-law, that you were once a daughter-in-law)*

Agraviarse por una chanza *(To become offended by a joke)*

Agua corriente no daña el diente *(Running water will not damage teeth)*

Agua de enero cada gota vale dinero *(Every drop of rain in January is worth money)*

Agua de lejos no apaga fuego *(Water from a distance doesn't put out a fire)*

Agua estancada agua envenenada *(Stagnant water is bad water)*

Agua estancada se pudre *(Stagnant water will go bad)*

Agua le pido a mi Dios y a los aguadores nada *(I ask favors of no man)*

Agua pasada no mueve molino *(Water that has already gone over the dam will not move the mill)*

Agua que nos has de beber, jala la cadena y, déjala correr *(If it doesn't concern you don't get involed)*

Aguadores y cantineros, del agua hacen sus dineros *(Water salesmen and bartenders make their money from water)*

Ahora es cuando hierbabuena has de darle sabor al caldo *(Now is when mint should give the broth flavor)*

Al buen amar nunca le falta que dar *(Good loving always has something to give)*

Al buen entendedor, pocas palabras bastan *(Good listeners need few words)*

Al buen tigre sólo lo cazan una vez con la misma red *(A good tiger is caught only once by the same trap)*

Al bueno debes buscar y del malo te debes de apartar *(Seek out the good but stay away from the bad)*

Al buey viejo, pasto tierno *(Feed the old ox tender grass)*

Al colgado no le jales los pies *(Don't pull the feet of a hanged man)*

Al diablo con las mujeres que son viejas y feas *(To the devil with women who are old and ugly)*

Al diablo y a la mujer nunca les falta que hacer *(Women and the devil never lack something to do)*

Al gran cuaco, gran espuela *(Big horses require big spurs)*

Al hombre bueno no le busques abolengo *(Don't examine the lineage of a good man, real virtue is worth more than inherited reputation)*

Al juzgar a otro fallas contra tí *(When you judge someone else you pass sentence against yourself)*

Al loco y al aire, darles calle *(Give way to the crazy person and to the breeze)*

Al maguey que no da pulque, no hay que acercarle el tlachique *(If a plant does not give fruit do not try to harvest it)*

Al mal músico hasta las uñas le estorban *(Even his own fingernails bother a bad musician)*

Al mal paso darle Gerber! *(If you make a mistake feed it baby food, (if you have an unplanned pregnancy, name the child after the baby food brand Gerber))*

Al mal paso, darle prisa *(Hurry your steps through bad times)*

Al mal tiempo, buena cara *(Face bad times with a happy face)*

Al mal trabajador, no le viene ningún azadón *(No tool is good enough to compensate for a bad craftsman)*

Al más potente, cede el prudente *(Prudent people defer to the powerful)*

Al mejor cazador se le va la liebre *(The best hunter can miss the rabbit)*

Al mejor nadador se lo lleva el río *(The best swimmer can be overtaken by the river)*

Al morir, no se le puede huir *(You cannot escape death)*

Al nopal lo van a ver sólo cuando tiene tunas *(People visit the cactus only when it bears fruit; some people only come around when they need something))*

Al ojo del amo engorda el caballo *(Under the owner's watchful eye, the horse will thrive)*

Al pan, pan y al vino, vino *(To call a spade a spade)*

Al perro flaco le caen las pulgas *(A skinny dog attracts fleas)*

Al perro más flaco se le pegan las pulgas *(The scrawniest dog gets the fleas)*

Al que Dios se lo dio que San Pedro se lo bendiga *(To whom God gave it, St. Peter may bless it)*

Al que le quede el guante, que se lo plante *(If the glove fits, wear it)*

Al que madruga ... Dios lo arruga!!!! (God wrinkles those who get up early)

Al que madruga, Dios lo ayuda *(God helps those who rise early)*

Al que no le gusta el vino, siempre lleva buen camino *(He who does not drink wine always takes the right path)*

Al que no quiere sopa, ¡dos platos! *(He who does not want soup gets two plates of it)*

Al saber, los ignorantes le dicen suerte *(Ignorant people refer to knowledge as luck)*

Al son de mis dientes acuden mis parientes *(My relatives visit me only when I am prosperous)*

Al son que me tocan bailo *(I will dance to the music that is being played for me)*

Al tigre no lo atrapan dos veces con la misma trampa *(A tiger will not be caught twice by the same trap)*

Al triste el puñado de trigo se le vuelve alpiste *(To one who is sad, a handful of wheat turns into birdseed)*

Al vencedor, los despojos *(The winner gets the spoils)*

Alas tenga yo para volar que no me faltará palomar *(All I need is wings to fly and I will find me a home)*

Alcanza quien no cansa *(He who doesn't tire reaches his goals)*

Algo bueno trae la adversidad consigo que ahuyenta a los falsos amigos *(Adversity brings something good in that it scares off false friends)*

Algo busca en tu casa quien te hace visitas largas *(He who visits you for long periods of time is looking for something in your house)*

Algo debe de querer quien te hace fiestas que no te suele hacer *(He who starts giving you compliments wants something from you)*

Algo tendrá el agua, dicen, por eso la bendicen *(They say there's something about water, that's why it gets blessed)*

Ama como si nunca te hubieran herido *(Love as if you have never been hurt)*

Ama tu vida y vive tu amor *(Love your life and live your love)*

Amante ausentado, luego olvidado *(The lover who isn't present is soon forgotten)*

Amar es tiempo perdido, si no es correspondido *(Love is time lost unless you are loved back)*

Amigo de mi amigo es mi amigo, amigo de mi enemigo es mi enemigo *(A friend of my friend is my friend; a friend of my enemy is my enemy)*

Amigo en duda quien te aconseja y pudiendo no te ayuda *(A friend who advises you but doesn't help you when he can is a dubious friend)*

Amigos que se conocen, de lejos se saludan *(Friends who know each other say hello even at a distance)*

Amigos reconciliados, enemigos disimulados *(Reconciled friends are concealed enemies)*

Amigos reñidos, nunca más buenos amigos *(Friends who fought will never be good friends again)*

Amistad con muchos, confianza con pocos *(Be friendly with all but trust only the trustworthy)*

Amistad por interés, hoy es y mañana no es *(Friendship because of a vested interest is here today and gone tomorrow)*

Amistad que dice "no" amistad que se perdió *(A friend who says "no" is a lost friend)*

Amistad que no fue duradera, no fue verdadera *(Friendship that did not last, was not a true friendship)*

Amistades lisonjeras te harán más malo de lo que eras *(Lazy friends will make you worse than you were)*

Amor con amor se paga *(Repay love with love)*

Amor de forastero, poco duradero *(A traveler's love does not last long)*

Amor de lejos es amor de tontos *(Love from far way is fool's love)*

Amor de lejos... felices los cuatro (A long distance romance makes all four happy)

Amor de mujer y halago de can, no darán si no les dan *(Women and dogs give love only when love is given to them first)*

Amor de vieja si es que se toma presto se deja *(The love of an old woman—if you take it you will soon abandon it)*

Amor desordenado, raíz de todo pecado *(Disorderly love is the root of all sin)*

Amor loco si ella es mucho y tú eres poco *(Love is crazy if she is more and you are less)*

Amor, tos y fuego, descúbranse luego *(Love, a cough and fire cannot be kept secret)*

Amor, viento y ventura poco dura *(Love, wind and luck don't last long)*

Andar derecho y mucho beber, no se puede ver *(Walking in a straight line and much drinking are never seen together)*

Ande mi lomo caliente y aunque se ría la gente *(I'll keep my rump warm, even if people laugh at me)*

Año nuevo, vida nueva *(New year, new life)*

Antes cabeza de ratón que cola de león *(It is better to be the head of a mouse than the tail of a lion)*

Antes cae un mentiroso que un cojo *(A liar falls easier than a crippled man)*

Antes de armas tomar todo se ha de tratar *(Everything should be attempted before taking up arms)*

Antes de decir de otro "cojo es," mírate los pies *(Before you accuse another of limping, look at your own feet)*

Antes de hacer nada, consúltalo con la almohada *(Before doing anything, check with your pillow, (it is better to sleep on it))*

Antes de que acabes, no te alabes *(Do not praise yourself before you finish the job)*

Antes de que te cases, mira lo que haces *(Be well informed before you get married)*

Antes de que tomes casa donde morar, mira la vecindad *(Before you buy a house, check out the neighborhood)*

Antes mujer de pobre que amante de conde *(Rather a poor man's wife, than a count's lover)*

Antes mujer de quien nadie es que amante de marqués *(It is better to be the wife of an unimportant man than the Marquis' mistress)*

Antes nació el ladrón que el candado y el portón *(Thieves were born before padlocks and doors)*

Antes nació la trampa que la ley contra el hampa *(Cheating was born before the law against it)*

Antes son mis dientes que mis parientes *(My worries take precedent over those of my relatives)*

Aprende a gatear antes de caminar *(Learn how to crawl before you walk)*

Aprende de los errores de los demás, no puedes vivir lo suficiente para hacer todos los errores por sí solo *(Learn from the mistakes of others; you can't live long enough to make them all yourself)*

Aprendiz de mucho, maestro de nada *(Apprentice of much but master of nothing)*

Aquel que te quiere mucho te hará llorar *(He who loves you the most will make you cry)*

Aquella es bien casada que no tiene suegra ni cuñada *(Happy marriage for the one without a mother-in-law or sister-in-law)*

Aquí se rompió una taza y cada cual para su casa *(A cup broke here so all to their own homes)*

Aquí sólo mis chicharrones truenan *(Here only my pork rinds crackle)*

Árbol que crece torcido, jamás su rama endereza *(A tree that grows crooked will not straighten)*

Árbol que crece torcido... está bueno pa' columpio (*A tree that grows crooked is good for a swing*)

Arco iris al amanecer, agua antes de anochecer *(Rainbow at sunrise, rain before nightfall)*

Arco iris al anochecer, buen tiempo al amanecer *(Rainbow at dusk, good weather in the morning)*

Arco iris al medio día, llueve todo el día *(Rainbow at noon, rain all day)*

Armadillo que se duerme, se convierte en charango *(An armadillo who falls sleep turns into roadkill)*

Arrieros somos y en el camino andamos *(We are cowboys and we are on the road together)*

Arrimarse a la boca del lobo, es de hombre bobo *(It is foolish to get close to the mouth of a wolf)*

Arroz que no se menea se quema *(If the rice is not stirred, it will burn)*

Así es la vida, triste mundo *(Such is life, sad world)*

Aunque el deudor muera, la deuda queda *(Even though the debtor dies, the debt remains)*

Aunque esté echado el cerrojo, duerme con un sólo ojo *(Even if your house is locked, sleep with one eye open)*

Aunque frío y callado, predica bien el ahorcado (*Even though cold and speechless, the hanged man preaches well)*

Aunque la jaula sea de oro no deja de ser prisión *(A gold cage is still a prison)*

Aunque la mona se vista de ceda, mona se queda *(A monkey dressed in silk is still a monkey)*

Aunque sean del mismo barro, no es lo mismo jarrón que jarro *(Though from the same clay a simple pot is not the same as a porcelain vase)*

Aunque somos del mismo barro, no salimos del mismo molde *(We might be made from the same clay but not from the same mold)*

Aunque tiene malas piernas, bien visita las tabernas *(Even when he has bad legs, he still goes to the tavern)*

Ave que vuela, a la cazuela *(If the bird flies, put it in the cook pot)*

Ayúdate que Dios te ayudará *(Help yourself and God will help you)*

Baila como si nadie te estuviera mirando *(Dance as if nobody were watching you)*

Barre la nuera sólo lo que ve la suegra *(The daughter-in-law only sweeps what her mother-in-law sees)*

Barriga llena, corazón contento *(A full stomach is a happy heart)*

Barriguita llena... segurito para el baño (*Full belly….for sure a trip to the bathroom*)

Bealdad y hermosura, poco dura; más vale virtud y cordura *(Beauty doesn't last long; virtue and wisdom are worth more)*

Besos y abrazos no hacen chiquillos, pero abren caminillos *(Hugs and kisses do not make babies but they make way for them)*

Bien barato saldría el pan, si no comiera el holgazán *(Bread would cost little if the lazy one wouldn't eat)*

Bien haya lo bien nacido, que ni trabajo da criarlo *(Those who are born well are easy to bring up)*

Bien juega el que sólo mira *(Onlookers are good players)*

Bien predica el ayunar quien acaba de almorzar *(He who has just finished eating lunch can speak well about fasting)*

Bien se sabe atrever quien nada tiene que perder *(He who does not have anything to lose dares to do anything)*

Bien vestido, bien recibido *(Those who are well dressed are welcomed)*

Boca chiquilla, siempre novilla *(Small mouth, always a young cow)*

Boca con boca, pronto se desboca *(Two mouths together soon get out of control)*

Borrón y cuenta nueva *(Erase the past and start all over)*

Breve y claro habla el que es prudente *(He who is prudent speaks clearly and briefly)*

Buena es la libertad pero no el libertinaje *(Freedom is good, but not its abuse)*

Buena muerte es buena suerte *(A good death is good luck)*

Buena salud y beber, eso no puede ser *(Good health and drinking can't go together)*

Buenas acciones valen más que buenas razones *(Good actions are worth more than good reasons)*

Buenas palabras y buenos modales todas las puertas abren *(Nice actions and kind words open all doors)*

Buenas palabras y buenos modos gustan a todos *(Everyone likes kind words and nice actions)*

Buenas y malas artes hay en todas partes *(There is good and bad art everywhere)*

Bueno es beber pero nunca hasta caer *(Drinking is good, but not until your drop)*

Bueno es hablar, pero mejor es callar *(It is good to talk but better to be quiet)*

Bueno para dar consejos, pero no para tomarlos *(He is good for giving advice, but not for taking it)*

Buenos valores hacen hijos mejores *(Good values make better children)*

Buenos y tontos se confunden al principio *(At first sight you cannot tell a good person from a fool)*

Buey viejo no pisa mata, y si la pisa no la maltrata *(An old ox doesn't step on plants, and if he steps on them, he doesn't mistreat them)*

Buey viejo surco derecho *(Old ox, straight plowing)*

Burro adornado busca mercado *(A dressed-up donkey is looking to sell something)*

Caballo grande aunque no ande *(Big horses are good even if they can't walk)*

Caballo que alcanza, quiere pasar *(The horse that catches up wants to get to the front)*

Caballo que vuela, no quiere espuela *(A flying horse needs no spurs)*

Caballo regalado... tiene que ser robado (*A gift horse…must be stolen*)

Caballo, mujer y guitarra, no hay que prestar a nadie *(Never lend your horse, your guitar, or your wife to anyone)*

Cada araña a su telaraña *(Each spider to its own web)*

Cada bebé viene con su propia torta bajo del brazo *(Each baby comes to this world with its own cake under its arm (each baby comes into the world with its own matters))*

Cada cabeza es un mundo *(Each head is a world unto itself)*

Cada camino tiene su destino *(Each road has a destination)*

Cada campana suena según el metal de que está hecha *(Each bell rings according to the metal it is made of)*

Cada chango a su mecate *(Each monkey to his own swing)*

Cada cual con su cada quien *(Each person has his own match)*

Cada cual en su casa y Dios en la de todos *(Each person in his own house and God in everybody's)*

Cada cual es lo que cada cual sabe *(You are what you know)*

Cada cual hace con lo suyo, lo que se le antoja *(Each person does what he wants with his own property)*

Cada cual labra su propio destino *(Each person makes his own future)*

Cada cual quiere llevar el agua a su molino, aunque deje seco el del vecino *(Each one brings water to his mill even when he leaves his neighbor's dry)*

Cada cual sabe lo que trae en su morral *(Everyone should know what his baggage contains)*

Cada cual tiene que saber cómo comerse su taquito *(Everyone needs to know how to eat his own food)*

Cada cual tiene su manera de matar pulgas *(Each one kills fleas his own way)*

Cada día se aprende algo nuevo *(Each day one learns something new)*

Cada loco con su tema *(To each his own, (everyone has his own point of view))*

Cada oveja con su pareja *(Each lamb should be with its own mate)*

Cada persona hace su propia sombra en el suelo *(Each person makes his own shadow)*

Cada pro tiene su contra *(Each argument in favor has a corresponding argument against)*

Cada quien con su cada cual *(Each person has his own match)*

Cada rey con su ley *(Each king has his own law)*

Cada subida tiene su bajada *(Each road uphill has a downhill)*

Cada uno habla de la feria según le fue en ella *(Each one talks about the fair according to how he made out in it)*

Cae más pronto un hablador que un ciego *(Talkers fall sooner than blind men)*

Caerse está permitido; ¡levantarse ¡es obligatorio!. *(Falling is permissible; but you have to get up)*

Caldo de gallina y precaución nunca hicieron daño ni a hembra ni a varón *(Chicken soup and caution never caused damage to man or woman)*

Caldo de gallina, a los muertos resucita *(Chicken soup raises the dead)*

Caldo frío y vino caliente, todo lo que valen pierden *(Cold soup and hot wine lose all their value)*

Calle el que dio y hable el que recibió *(Givers should keep quiet; receivers should talk)*

Calma y nos amanecemos *(Be patient, morning will come)*

Camarón que se duerme se lo lleva la corriente *(The stream carries away the shrimp that falls sleep)*

Camarón que se duerme se lo llevan pa' Miami (A s*hrimp that falls sleep will be taken to Miami)*

Camarón que se duerme... amanece de cocktail (A s*hrimp that goes to sleep wakes up in a cocktail*)

Campana de mal metal por fuerza ha de sonar mal *(A bell made out of bad metal will ring badly)*

Candil de la calle y oscuridad de su casa *(He shines on the street but in his home he gives no light)*

Cantar mal y porfiar, no es de aprobar *(Don't approve of those who sing badly or those who quarrel)*

Cara de beato, uñas de gato *(The look of a saint but claws of a cat)*

Caras vemos corazones no sabemos *(We can see the face but not the heart)*

Caridad y amor no tocan tambor, en silencio viven mejor *(Charity and love don't need to play drums, they live better in silence)*

Carne que crece no puede estar si no mece *(Play and action are natural to a growing child)*

Carta escrita, antes de mandarla hay que revisarla *(Before you send a letter review it)*

Casa con dos puertas, es difícil resguardar *(It is difficult to protect a house with two doors)*

Casa propia es un tesoro que no es pagado con oro *(Having your own home is a treasure that can't be bought with gold)*

Casa sin moradores, nido de ratones *(An empty house is home to rodents)*

Casamiento a edad madura, cornadura segura *(Marriage at old age, definite infidelity)*

Casamiento a edad madura, cornamenta o sepultura *(Marriage at old age: infidelity or a funeral)*

Casamiento y mortaja, del cielo baja *(Marriage and funerals come from the heavens)*

Cásate con quien te quiera y no con quien tú quieras *(Marry the one who loves you and not the one whom you like)*

Casi no importa lo que diga la canción, la ignorancia es lo más caro de la educación *(No matter what the songs says, ignorance is the most expensive part of an education)*

Cayendo el muerto y soltando el llanto *(As the person dies the crying starts)*

Cayó el jinete y echó a correr el caballo *(As soon as the rider falls the horse runs off)*

Cena de vino, desayuno de agua *(Wine for dinner, water for breakfast)*

Cerrar el arca ya hecho el robo, es precaución de bobo *(It's a foolish precaution to close the gate after the horses are already out)*

Charal que no se arriesga, no cruza el mar *(A fish that doesn't take risks will not cross the ocean)*

Chico exceso es dar a una moza un beso, si se queda en eso *(It's but a bit excessive to kiss a girl as long as it stops at that)*

Chilaquiles aquí, enchiladas allá *(Hot dogs here, frankfurters there; six of one, half-dozen of the other)*

Chiquito, hasta el asno es bonito *(When baby, even the donkey is cute)*

Chispa aunque pequeña, enciende un monte de leña *(A spark, no matter how small, can ignite a whole forest)*

Chivo brincado, chivo pagado *(Pay when the deal is done)*

Cien puertas abre el bien hacer, pero las cierra el no agradecer *(Good deeds can open a hundred doors, but ungratefulness closes them)*

Cierre tras sí la puerta quien no la halló abierta *(Close the door that you found closed)*

Comer sin trabajar no se debía tolerar *(Eating without first working should not be tolerated)*

Como canta el abad, responde el sacristán *(The altar boy answers the priest's call)*

Como la camisa del señor Briones, planchada pero sin botones *(Like Mr. Briones' shirt—ironed but with no buttons)*

Como me la toquen la bailo *(I dance to the rhythm that is being played for me)*

Como me ves te veré *(As you see me, I will see you)*

Como no soy peregrino, no ando en el camino *(Because I am not a traveler, I am not on the road)*

Como te ven te tratan *(They treat you as they see you)*

Como te ves me vi, como me ves te verás *(I was as you are, as I am you will be)*

Compañero ingenioso, hace el camino corto *(Ingenious friends make the trip short)*

Compañía de dos fue la de Edén y no salió bien *(In Eden there were only two present and things did not work out well)*

Compañía de dos hizola Dios, compañía de tres, la hizo el diablo *(Companionship of two is made by God; companionship of three is made by the devil)*

Compañía de tres, del demonio es *(A threesome belongs to the devil)*

Cómplice y asesino van por el mismo camino *(The assassin and his accomplice walk the same path)*

Compra de quien heredó y no de quien compró, que sabe lo que costó *(Buy from whoever inherited the goods and not from who purchased them because he knows their cost)*

Cómprale a quien heredó y no al que sudó *(Buy from the one who inherited it and not from the one who sweated to make it)*

Cómprale al heredero y no al que compró con su dinero *(Buy from the one who inherited it and not from the one who paid for it with his own money)*

Con arte y con engaño se vive medio año *(With creativity and deceit, you only live half a year; (you cannot fool all of the people all the time)*

Con arte, paciencia y buen modo, se consigue todo *(With art, patience and good manners you can accomplish everything)*

Con buena hambre no hay mal pan *(There is no bad food when you are hungry)*

Con buena tierra, agua y yunta cualquier tonto es agricultor *(With good land, water and oxen even a fool can be a farmer)*

Con buenos directores, hasta los monos son actores *(Good directors make actors even out of monkeys)*

Con cabezas duras y corazones fríos nunca se resuelven los problemas *(Hard heads and cold hearts don't solve problems)*

Con dinero, baila el perro *(Money makes even a dog dance)*

Con el castigo el bueno se hace mejor y el malo se hace peor *(Punishment makes good people better and bad people worse)*

Con el hombre callado, mucho cuidado *(Be very careful around a quiet man)*

Con el poderoso de mala intención no vale ni justicia ni razón *(The ill-intended and powerful man does not understand justice or reason)*

Con el tiempo y la paciencia se adquiere la ciencia *(Science comes from time and patience)*

Con gente malcriada, nada *(Have nothing to do with bad-mannered people)*

Con la luz apagada y la boca cerrada, la fea no se distingue de la diosa Diana *(In the dark and quiet, the ugly girl can't be distinguished from the godess Diana)*

Con la ropa interior, más vale cuidar el olor que el color *(With underwear it is better to take care of the odor than the color)*

Con la televisión, lo mismo se vende un detergente, que un presidente *(Television sells anything from detergent to presidents)*

Con la vara que midas serás medido *(You will be measured with the same stick that you use to measure others)*

Con mala pluma no hay buen escribano *(There is no good scribe without a good pen)*

Con palabras melosas se alcanzan las más cosas *(You accomplish more with sweet words)*

Con probar nada se pierde *(You lose nothing by tasting first)*

Con quien pases y no con quien naces *(Who raises you and not who gave you birth)*

Con rabia el perro, muerde al dueño *(An angry dog will bite even his owner)*

Con salud y dinero, hago lo que quiero *(With money and good health I can do whatever I want)*

Con tontos ni a bañarse porque se pierde el jabón *(Don't even take a shower with a fool because the soap will disappear)*

Con tu mujer y tu dinero no confíes en tu compañero *(Do not trust your friend with your wife or your money)*

Con ver cómo agarran el taco se conocen los tragones *(You can tell the gluttons by the way they take hold of their food)*

Confesión con vergüenza, cerca está de inocencia *(Confession with remorse is close to innocence)*

Conmigo andarás descalza, pero con la barriga llena *(With me you may not have shoes but your belly will always be full)*

Consejo de sabios es perdonar injurias y olvidar agravios *(The advice of wise men is to forgive offenses and forget wrongdoings)*

Consejo no pedido, consejo mal oído *(Advice that was not asked for is advice that is misunderstood)*

Consejos a viejos y pláticas a gitanos, trabajos vanos *(To give advice to old people or to talk to gypsies is work done in vain)*

Contra el feo vicio de pedir hay la noble virtud de no dar *(To counter the bad habit of begging there is the noble virtue of not giving)*

Contra los vicios, poco dinero *(Do not give money to those with bad habits)*

Controla el tiempo antes de que el tiempo te controle a ti *(Manage your time before time manages you)*

Controla tu dinero antes de que el dinero te controle a t *(Manage your money before money manages you)*

Cortesía de palabra, o conquista o empalaga *(Courtesy in your speech will either convince or annoy)*

Cortesía de sombrero, hace amistades y no cuesta dinero *(Tipping your hat makes friends and does not cost money)*

Cortesía y bien hablar cien puertas nos abrirán *(To be courteous and well-spoken will open hundreds of doors)*

Costumbres del mal maestro, sacan al hijo siniestro *(The habits of a bad teacher make for a bad son)*

Crea fama y échate a dormir *(Create your reputation and then you can rest)*

Cree el león que todos son de su condición *(The lion believes that everyone is like he is)*

Cría cuervos y te sacarán los ojos *(If you raise crows they will gouge your eyes out)*

Criticar es más fácil que imitar *(It easier to criticize than to imitate)*

Cual el amo, tal el criado *(The servant is as the master is)*

Cualquier persona puede hacer una guitarra pero no cualquiera puede hacer una guitarra buena *(Anyone can make a guitar but not anyone can make a good guitar)*

Cualquiera toca el cilindro, pero no todos lo quieren cargar *(Everyone can play the "monkey grinder" but not everybody wants to carry it)*

Cuando bebas agua acuérdate de la fuente *(When you drink water remember the well)*

Cuando busques a una persona no pises a otra *(Don't step on someone while looking for someone else)*

Cuando digo que la mula es parda, es porque tengo los pelos en la mano *(When I say that the mule is gray it is because I have his hair in my hand)*

Cuando Dios dice '¡A comer!' del cielo nos caen los panes *(When God says "eat" bread drops from heaven)*

Cuando Dios dice '¡A fregar!' del cielo llueven las escobetas *(When God says "scrub" scrubbing brushes rain from heaven)*

Cuando dos se suben al caballo, uno tiene que ir atrás *(When two people get on a horse, one has to ride behind the other)*

Cuando el consejo no fue pedido, quien lo recibe queda ofendido *(When advice is given but not asked for, the receiver is offended)*

Cuando el hambre entra por la puerta, el amor huye por la ventana *(When hunger comes through the door, love leaves through the window)*

Cuando el pobre tiene para carne es vigilia *(When the poor have money to buy meat, it is Friday)*

Cuando el río suena agua lleva *(When the river makes noise, it is carrying water)*

Cuando el sabio yerra, el tonto se alegra *(When the wise man makes a mistake the fool rejoices)*

Cuando es mula hasta la imagen patea *(If it is a mule, even its image kicks)*

Cuando está abierto el cajón, el más honrado es ladrón *(When the cash register is open, even the most honest becomes a thief)*

Cuando estás viajando deseas estar en casa y cuando estás en casa deseas viajar *(When you are traveling you wish you were home, and when you are home you wish you were traveling)*

Cuando fuiste martillo no tuviste clemencia, ahora que eres clavo ten paciencia *(When you were a hammer you had no mercy, now that you are a nail be patient)*

Cuando hables cuida con quien, de qué, cuándo, cómo y dónde *(When you speak be careful to whom, about what, when, how and where)*

Cuando la hoya de mole es grande hasta los de abajo comen *(When the pot of soup is big even the servants eat)*

Cuando la mula dice no paso y la mujer me caso, la mula no pasa y la mujer se casa. *(When the mule decides not to walk and the woman decides to marry, the mule doesn't walk and the woman marries.)*

Cuando la perra es brava, hasta a los de la casa muerde *(When the dog is vicious it bites even those in his own home)*

Cuando la violencia ríe, llora el corazón *(When violence laughs, the heart cries)*

Cuando mayor es la subida, mayor es la caída *(The higher the climb, the bigger the fall)*

Cuando menos se piensa, salta la liebre *(When you least expect it the jackrabbit jumps)*

Cuando nacieron las suegras hasta los alacranes bailaron *(When mothers-in-law were born even the scorpions danced)*

Cuando naciste, tu llorabas y todos alrededor sonreían. Vive tu vida de forma que cuando mueras tu sonrías y todos alrededor lloren. *(When you were born you cried but everybody around you was happy. Live your life so that when you die you are happy and everybody around you cries)*

Cuando nos duele el corazón, nos tratan sin compasión *(When our heart aches no one shows compassion for us)*

Cuando pasa a mejor vida la suegra, lo mismo le pasa a los nueros y nueras *(When a mother-in-law passes on to a better life, so, too, do the sons-in-law and daughters-in-law)*

Cuando permites que sentimientos, como los celos, dominen tu personalidad la primera víctima es la cordialidad *(When you allow feelings such as jealousy to take over your personality, the first victim is cordiality)*

Cuando piensas como un martillo, todo se ve como un clavo *(When you think like a hammer everything looks like a nail)*

Cuando piensas que tu cuerpo ya huele mal, el prójimo piensa que ya apesta *(When you think your body smells bad others already think you stink)*

Cuando quiera ausentarse tu enemigo, quítale cosas del camino *(When your enemy wants to leave, take all obstacles out of his way)*

Cuando sale el sol se esconden las estrellas *(When the sun shines the stars hide)*

Cuando salgas mira al cielo, cuando entres a una casa mira los rostros *(When you go outside look at the sky, when you enter a home look at people's faces)*

Cuando se aburre el diablo, juega con su propia cola *(When the devil gets bored he plays with his own tail)*

Cuando se acaba el curado conformate con el blanco *(When the good stuff is gone, be happy with whatever is left)*

Cuando se necesita un licenciado, hay que escoger con mucho cuidado *(When you need a lawyer you must be very careful in choosing)*

Cuando se pelean las comadres, salen las meras verdades *(When friends argue the truth comes out)*

Cuando se seca el arroyo se sabe lo que llevaba *(When the creek dries out you appreciate the value it had)*

Cuando te dieran la baquilla, llega con la soguilla *(If they give you a cow, come with the harness ready)*

Cuando te sientes a comer, los codos en la mesa no has de poner *(When you sit to eat don't put your elbows on the table)*

Cuando tengas a uno debajo de la lanza, usa templanza *(When you have someone trapped, use restraint)*

Cuando tú estabas en huevo yo ya volaba *(When you were only an egg I was already flying)*

Cuando uno no quiere, dos no pelean *(When one does not want to fight, two don't fight)*

Cuando veas las barbas de tu vecino rasurar, pon las tuyas a remojar *(When you see your neighbor's beard being shaved prepare your own)*

Cuando veas tu casa quemar, acércate a calentar *(When you see your house on fire, come close and warm up)*

Cuando vendan, compra y cuando compren, vende *(Buy when they are selling, and sell when they are buying)*

Cuanto se hace por despecho está mal hecho *(What is done in revenge is not done well)*

Cuaresma fría, lluvia tardía *(Cold Lent, late rain)*

Cuenta treinta y tres antes de decir, y noventa y nueve antes de escribir *(Count to thirty-three before speaking and to ninety-nine before writing)*

Cuervo con cuervo no se sacan los ojos *(One crow does not gouge out the eyes of another crow)*

Cuida el futuro porque allí vivirás el resto de tu vida *(Take good care of the future because you will live there the rest of your life)*

Cuida más tu conciencia que tu inteligencia *(Take greater care of your conscience than of your intelligence)*

Cuida tus centavos que tus pesos se cuidarán solos *(Look after your pennies and your dollars will look after themselves)*

Cuídate del perro que no ladra y del hombre que no habla *(Beware of the dog that doesn't bark and the man that does not talk)*

Culpa no tiene quien hace lo que puede *(There is no guilt in doing all you can)*

Culpa no tiene quien paga lo que debe *(There is no guilt if you pay what you owe)*

Cuñados en paz y juntos, solamente difuntos *(Brothers-in-law are in peace and together only when they're dead)*

Da a los ricos lo suyo y los pobres lo tuyo *(Give the rich what belongs to them and to the poor what belongs to you)*

Da el sartenazo el que tiene el sartén por el mango *(He who has the pan by the handle is the one who can hit you with the pan)*

Da lo suyo al dueño y gozarás de buen sueño *(Return things to their owner and you'll enjoy good sleep)*

Da lo tuyo antes de morir, y dispónete a sufrir *(Give your things away before you die and you will suffer)*

Da vino por vino y pan por pan, y todos te entenderán *(Give wine for wine and bread for bread and everyone will understand you)*

Dados, mujeres y vino sacan al hombre del buen camino *(Dice, women and wine turn men from the right path)*

Dando, dando pajarito volando *(In an exchange of goods both parties must exchange simulstaneously)*

Dar gato por liebre *(To pull the wool over someone's eyes)*

Dar limosna no empobrece, antes el caudal crece *(To give charity does not make you poor, it makes you richer)*

Dar para recibir, no es dar, sino pedir *(To give in order to receive is not to give, rather it is begging)*

Dar una gallina por un huevo no lo apruebo *(It's not good business to exchange an egg for a chicken)*

De artista, poeta y loco, todos tenemos un poco *(All of us are a little bit artistic, poetic and crazy)*

De bien intencionados, están los infiernos colmados *(Hell is full of well-intentioned people)*

De broma en broma la verdad se asoma *(Joke after joke, the truth comes out)*

De buen caldo buenas sopas *(Good broth makes for good soup)*

De buenos deseos no cumplidos, están los infiernos henchidos *(Hell is full of unfulfilled good wishes)*

De cornada de burro no he visto morir a ninguno *(No one dies by the horns of a donkey)*

De cornudo o de asombrado pocos se han escapado *(Few have escaped being cheated or surprised)*

De cuando en cuando hasta los tontos tienen buenas ideas *(From time to time even fools have good ideas)*

De cuando en cuando otras puntaditas iremos dando *(Now and then we'll add a few more stitches)*

De cuarenta años para arriba, no hay mujer que pase de los treinta *(There is no woman older than thirty after she turns forty)*

De dichos y colores no han escrito los autores *(Authors have not written about proverbs or colors)*

De doncella que anda en lenguas, ni lo malo ni lo bueno creas *(Do not believe anything said by girls with loose tongues)*

De dos volverse tres, fácil es *(Two can easily turn into three)*

De esas pulgas no brincan en mi petate *(Those fleas do not jump in my bed)*

De eso que me agrada, mucho me parece nada *(Of what I like, a lot seems not much at all)*

De frecuente usar sale el abusar *(Abuse results from overuse)*

De grandes cenas están las sepulturas llenas *(Cemeteries are full of large meals)*

De granito en granito llena la gallina el buche *(Grain by grain the chicken gets full)*

De gota en gota se llena la cubeta De centavito en centavito se llena el jarrito *(Little by little the bag gets full)*

De hombre bruto, ningún fruto *(Men of low intelligence do not produce anything)*

De joven cirquero, de viejo payaso *(Acrobat in youth, clown in old age)*

De la corrupción de lo mejor, sale lo peor *(The best things, when corrupted, become the worst)*

De la mar el mero y de la tierra el cordero *(From the sea the sea bass and from the land the lamb)*

De la noche a la mañana, pierde la oveja su lana *(The lamb loses its wool overnight)*

De la suegra y del sol, entre más lejos mejor *(Keep away from the sun and the mother in-law)*

De la vista ausente, ido pronto de la mente *(Out of sight out of mind)*

De la vista nace el amor *(Love is born from what the eyes see)*

De las palabras, no el sonido sino el sentido *(Words are only worth what they mean)*

De lejanas regiones, mentiras de a montones *(You cannot believe all you hear from far away places)*

De lejos se ven los toros *(Bullfights are to be seen from the distance)*

De lo malo poco y de lo peor nada *(Take a little of the bad but none of the worst)*

De lo que no veas, ni la mitad creas *(Do not believe even half of what you cannot see)*

De los cuarenta para arriba, no te mojes la barriga *(Don't get your belly wet after you are over forty years old)*

De los escarmentados nacen los avisados *(It is wise to listen to experienced people)*

De los míos puedo decir pero no quiero oír *(I can talk about my relatives but I do not want to hear about them)*

De los ojos nacen los antojos *(You can only desire what you have seen)*

De los retozos resultan los mocosos *(The fun and frolic of foreplay results in impudent kids)*

De madre galana, hija holgazana *(Like mother like daughter)*

De médico, poeta y loco todos tenemos un poco *(We all know some medicine, some poetry and some insanity)*

De mejores lugares me han corrido *(I have been thrown out of better places)*

De mis puertas adentro, estoy en mi centro, de mis pertas afuera, soy un cualquiera *(In my home I am king; away from my home, I am nobody)*

De mujer libre, Dios me libre *(God save me from a liberated women)*

De músico poeta y loco, todos tenemos un poco *(All of us have a little musician, poet, and insane person inside of us)*

De nada sirve ser luz, si no vas a iluminar el camino de los demás *(It is not good to be the light if you do not shine on everyone else's path)*

De ninguno esperes lo que tú mismo hacer pudieres *(Don't expect from others what you can do for yourself)*

De ninguno has de decir lo que de tí no quieres oir *(Do not say anything about anyone if you do not want to hear it said about yourself)*

De noche todos los gatos son pardos *(In the darkness all cats look dark brown)*

De poquito en poquito se llena el jarrito *(Little by little the jar gets full)*

De qué te puede el dinero valer donde no hay qué comer *(What is money worth if there is nothing to eat?)*

¿De qué te sirven tus bienes, si salud no tienes? *(What good are your belongings if you do not have good health?)*

De quien a la los ojos no mira, todo hombre sensato desconfía *(Do not trust those that do not look you in the eye)*

De quien al hablarte no te mira a la cara, no confíes en nada *(Do not trust those that do not look you in the face when they talk to you)*

De repente, ni el diablo la siente *(If it is all of a sudden even the devil cannot feel it)*

De tal árbol, tal madera *(Good wood comes from good trees)*

De tal flor tal olor *(The perfume is as good as the flower it comes from)*

De tal padre tal hijo *(Like father like son)*

De tal palo tal astilla *(A chip off the old block)*

De tierra de alacranes, pocos panes *(Few loaves of bread from the land of the scorpion)*

De tres cosas no te has de fiar, ni del rey, ni del tiempo, ni del mar *(There are three things you should not trust, the king, the weather and the sea)*

De un cuento nacen cien *(From one tale a hundred more are born)*

De usar a abusar hay el canto de un real *(The distance of the edge of a coin is the distance between use and abuse)*

De valientes y tragones, están llenos los panteones *(Cemeteries are full of brave men and gluttons)*

Debajo de la mata florida, hay una culebra escondida *(behind the flowering plant there is a hidden snake)*

Debemos pensar lo mejor, de la gente que tiene honor *(We should think the best of people with honor)*

Debo no niego, pago no tengo *(I don't deny that I owe money, but I can't pay)*

Decir refranes es decir verdades (*To quote a proverb is to tell the truth*)

Deja la cama al ser de día y vivirás con alegría *(Get out of bed at daylight and you will live happy)*

Dejar hacer pudiendo evitar, es aprobar *(To allow it to happen while being able to stop it is to approve it)*

Dejar lo cierto por lo dudoso, es peligroso *(It is dangerous to opt for the uncertain over the certain)*

Del agua mansa me libre Dios, que de la recia me cuido yo *(God save me from still waters and I will care for myself in rough waters)*

Del árbol caído todos quieren leña *(Everyone wants wood from a fallen tree)*

Del buen vecino sale el buen amigo *(Good friends come from good neighbors)*

Del cuerdo al loco hay muy poco *(There is little difference between being sound of mind and being crazy)*

Del cuerdo espero poco y mucho del loco *(I expect little from the sound mind and much from the crazy mind)*

Del dicho al hecho hay gran trecho *(Easier said than done)*

Del dicho al te echo... hay solo un lecho..... (*There is only one bed between the chat and the rejection*)

Del hombre arraigado no te serás vengado *(You cannot take revenge against a man that is well established)*

Del mal al bien, solo un paso hay *(There is a short distance from bad to good)*

Del mal amo, los criados son enemigos pagados *(The servants of a bad master are paid enemies)*

Del mal negocio sale del ocio *(Bad business results in laziness)*

Del mismo cuero salen todas las correas *(All belts come from the same hide)*

Del plato a la boca a veces se cae la sopa *(From the spoon to the mouth, the soup sometimes falls off)*

Del que no sabe ni la "A", ¿Qué se esperará? *(What can you expect from the man who does not know his ABCs?)*

Demasiada cortesía, es falsía *(Too much courtesy has to be false)*

Demasiado al Este, es Oeste *(Too far to the east is west)*

Desafortunado en el juego, afortunado en el amor *(Unlucky gamblers are lucky in the affairs of love)*

Desde chica la ortiga pica *(Poison ivy hurts even when it is small)*

Desde chiquito se ha de crear el árbol derechito *(A tree should be grown straight right from the beginning)*

Desde la barrera, bien torea cualquiera *(From the other side of the fence everyone can fight a bull)*

Desde la cabeza al rabo, todo es rico en el marrano *(Pork is good from head to toe)*

Desde que se inventaron las disculpas, se acabaron los culpables *(There have been no more guilty men since excuses were invented)*

Desgracia de unos, fortuna de otros *(Good times for some are bad times for others)*

Desierto y pedernal, tal para cual *(Desert and rocky terrain, are made for each other)*

Despacio pero seguro *(Slowly but surely)*

Despacio que voy de prisa *(Haste makes waste)*

Después de beber todos dicen su placer *(After drinking everyone tells a true story)*

Después de verme robado, compraré un candado *(After I find that I've been robbed, I'll buy a padlock)*

Después del gran gustazo, el gran trancazo *(After a grand time, a grand hangover)*

Después del niño ahogado, "¡Tapen el poso!" *(After the boy drowns, "cover the well !")*

Desvélate por saber y trabaja por tener *(Stay up late to learn and work hard to earn)*

Desventuras y penas, a nadie le importan las ajenas *(Nobody cares about somebody else's mishaps and misadventures)*

Detrás de la pelota, viene el niño *(Behind the ball comes the child)*

Detrás de todo hombre que triunfa hay una mujer sorprendida (*Behind every sucessful man there is a surprised woman*)

Detrás del mostrador no conozco al amigo, sino al comprador *(From behind the counter I do not see friends but customers)*

Diez hijos de un vientre y cado uno es diferente *(Ten children from the same belly and each one is different)*

Difícil es hallar una aguja en un pajar *(It is difficult to find a needle in a hay stack)*

Dijo un sabio doctor que sin celos no hay amor *(A wise man said that there is no love without jealousy)*

Dile que es hermosa, y verás que goza *(Tell her she is pretty and you will see how she enjoys it)*

Dime con quien andas y si está buena me la mandas (*Tell me with whom you're running around with, and if she's good, send her to me*)

Dime con quien andas y te diré quien eres *(You can judge a man by the company he keeps)*

Dime de que presumes y te diré de que careces *(Tell me what you brag about and I will tell you what you are missing)*

Dime lo que lees y te diré lo que eres *(Tell me what you read and I'll tell you what you are)*

Dinero llama a dinero *(Money begets money)*

Dineros y pecados cada cual los tiene guardados *(Everyone keeps his money and his sins secret)*

Dios al humilde lo sube y al soberbio lo hunde *(God lifts up those who are humble and sinks those who are arrogant)*

Dios aprieta pero no ahorca *(God squeezes tight but he doesn't choke)*

Dios creó el tiempo, el hombre inventó la prisa *(God created time; men invented being in a hurry)*

Dios da de comer al que gana para almorzar *(God serves dinner to those who earn their lunch)*

Dios dijo al pescador perdido: "sigue rezando pero sigue remando" *(God told the lost fisherman, "keep on praying but keep on rowing")*

Dios le concede pies a cada ave, pero no se las mete en el nido *(God gave legs to all birds but He does not put them inside the nest)*

Dios le da de comer a los pájaros pero no les tira la comida al nido *(God gives food to every bird but He does not throw it into its nest)*

Dios le dio buen olfato a los ciegos *(God gave a good sense of smell to those who are blind)*

Dios los cría y ellos se juntan *(God creates them but they get together on their own)*

Dios me dé morena con gracia y no rubia lacia *(God, give me a charming brunette and not a plain blonde)*

Dios me libre de mis amigos, que de mis enemigos me libro yo *(God protect me from my friends and I will protect myself from my enemies)*

Dios no cumple caprichos ni endereza jorobados *(God will not grant whims nor straighten hunchbacks)*

Dios no le dio alas a los animales ponzoñosos *(God did not give wings to poisonous animals)*

Dios no mata, pero ataranta *(God does not kill but he stuns)*

Dios perdona pero el tiempo no perdona *(God forgives but time does not)*

Dios por delante, yo detrás de Él, si sale un perrito que lo muerda a Él *(God up front, and I behind Him, if a dog appears let it bite Him)*

Dios tiene un librito verde, que nada se le borra ni se le pierde *(God has a little green notebook in which nothing is lost or erased)*

Divide y vencerás *(Divide and conquer)*

División y destrucción, hermanas gemelas son *(Division and destruction are twin sisters)*

Doce fueron los que Cristo escogió, y uno lo vendió, otro lo negó y otro no lo creyó *(Christ picked twelve but one betrayed Him, another denied Him, and another did not believe Him)*

Doncella muy recluida, no se casará en la vida *(The damsel who is very secluded will not get married)*

Doncella que llega a los treinta, tres veces el diablo la tienta *(The damsel who reaches thirty will be tempted by the devil three times)*

Donde bien me va, allí mi patria está *(My country is where I do well)*

Donde comen dos comen tres *(Where two eat so can three)*

Donde el diablo no puede meter la mano mete la punta del rabo *(The devil puts his tail in when he cannot put in his hand)*

Donde el gusto falta, nada valen el oro y la plata *(Where there is no good taste, gold and silver are worthless)*

Donde entra el sol, no entra el doctor *(Where the sun comes in the doctor does not)*

Donde falta la previsión, faltará la provisión *(Where there is no planning, provisions will be lacking)*

Donde fuego hay, humo sale *(Where there is fire there is smoke)*

Donde fueres has lo que vieres *(Wherever you go, do what you see being done)*

Donde hay brasas, hubo fuego *(Where there are coals, there was a fire)*

Donde hay cenizas, hubo fuego *(Where there are ashes, there was a fire)*

Donde hay ganas hay mañas *(Where there is a will there is a way)*

Donde hay más prudencia debe haber más clemencia *(Where there is more prudence there should be more clemency)*

Donde hay un gran amor, siempre hay grandes milagros *(Where there is great love there are always great miracles)*

Donde hay vida hay esperanza *(Where there is life there is hope)*

Donde hubo brillo hay resplandor *(Where there was brightness there is splendor)*

Donde hubo fuego hay cenizas *(Where there was a fire there are ashes)*

¿Dónde irá el buey que no are? *(Where will the ox go that doesn't plow?)*

Donde manda capitán, no gobierna marinero *(Where the captain is in control, the sailor is not in charge)*

Donde mores no enamores *(Where you live do not flirt)*

Donde no hay ventura, de poco sirve la cordura *(Where there is nothing to be gained there is no need for prudence)*

Donde reina el amor lo imposible es posible *(Where love reigns the impossible is possible)*

Donde reina la ilusión, ciega la pasión *(Do not let anger overtake you when there is hope)*

Donde se escribió un papel, hay que estar a lo que se dijo en él *(If it was written on paper, you must stick to what it says)*

Donde te dan poco pan, menos queso te darán *(Where they give you little bread, they will give you less cheese)*

Donde tenga yo mi hogar, allí me oirán cantar *(Where I have my home, that's where you'll hear me sing)*

Dormir no es vivir sino apariencia de morir *(To sleep is not to live, rather it has the appearance of death)*

Dos en la cocina es desilusión, tres en el matrimonio es destrucción *(Two in the kitchen is disenchantment but three in marriage is destruction)*

Dos gallos en un gallinero, uno es el rey y el otro el buey *(Two roosters in one chicken coup, one is king and the other is the ox)*

Dos gorriones en una espiga hacen mala miga *(Two birds on one branch can make enemies)*

Dos grandes gustos las visitas nos dan, uno cuando llegan y otro cuando se van *(Guests give us two pleasures, one when they arrive and the other when they leave)*

Echa bien tus cuentas, para que no te arrepientas *(Make good plans so that you will not be sorry)*

Échale tierra al pasado *(Bury the hatchet)*

Echando a perder se aprende *(Learn from your mistakes)*

El 2 siempre irá después del 1, pero en el 21 se amoló el 1 *(2 will always go behind 1, but 21 broke the rule)*

El abad come de lo que canta *(It is by his singing that the abbot gets his dinner)*

El agua desgasta la piedra *(Water wears stones down)*

El agua es blanda y la piedra dura, pero gota a gota hace cavadura *(Water is soft, stones are hard but drop-by-drop water carves the stone)*

El agua es para los bueyes y el vino para los reyes *(Water is for animals and wine for kings)*

El agua todo lo lava, menos la mala fama *(Water washes everything except bad reputations)*

El agua y la candela, a nadie se le niega *(Water and light should not be denied to anyone)*

El águila siendo animal se retrató en el dinero *(Eagles have their picture on the money even if they are animals (Mexican coins have eagles))*

El aire convierte el vino en vinagre *(Air changes wine to vinegar)*

El alcohol mata a los vivos y conserva a los muertos *(Alcohol kills those alive and preserves those who are dead)*

El amigo lo escojo yo, el pariente no *(I pick my friends but not my relatives)*

El amigo probado y el melón calado *(A friend must be proven and a melon must be cored)*

El amigo verdadero, ni contra tu honra ni contra tu dinero *(Good friends are after neither your honor nor your money)*

El amo hace al criado, si bueno, bueno, si malo, malo *(The master makes the servant good if he is good and bad if he is bad)*

El amo imprudente hace al mozo negligente *(The imprudent master makes the servant negligent)*

El amor cura tanto al que lo dá, como al que lo recibe *(Love cures the one who gives it as much as the one who receives it)*

El amor es ciego *(Love is blind)*

El amor es la fruta de todas las estaciones y está al alcance de todos *(Love is the fruit of all seasons and it is within reach of every body)*

El amor es lo único que crece cuando se reparte *(Love is the only thing that grows as you distribute it)*

El amor es un tesoro que crece cuando se ofrece *(Love is a treasure that grows when you offer it)*

El amor es una cosa esplendorosa, hasta que te sorprende ¡tu esposa! *(Life is a splendid thing, until your wife finds out that you are having an affair)*

El amor eterno dura aproximadamente 3 meses *(Eternal love last about three months)*

El amor primero es el único verdadero *(The first love is the only true love)*

El amor que uno da es el único amor que uno puede guardar *(The love we give away is the only love we can keep)*

El amor todo lo puede *(Love conquers all)*

El amor vive en presencia y muere en ausencia *(Love lives while one is present and dies when one is absent)*

El amor y el dinero traen al mundo al retortero *(Love and money can turn the world upside down)*

El amor y la justicia son ciegos *(Love and justice are blind)*

El amor y la luna se parecen, menguan cuando no crecen *(Love is similar to the moon, when it is not growing it is waning)*

El árbol más altanero, débil tallo fue primero *(The most stubborn tree was a week shrub in the beginning)*

El asno sólo en la muerte halla descanso *(The donkey finds rest only after he dies)*

El ausente mas muerto que viviente *(The one who is not present is more dead than alive)*

El avaro, de su oro no es dueño, sino su esclavo *(The miser is not the owner of his gold but its slave)*

El banquete de la araña, una mosca presa en su telaraña *(A Spider's banquet is a fly in his web)*

El bebedor fino, a sorbitos bebe el vino *(Good drinkers sip their wine)*

El beso abre la puerta, y para lo demás ya queda abierta *(A kiss will open the door, and leave it open for everything else)*

El bien agradecer, la mitad del pago viene a ser *(Being grateful is half the repayment of a debt)*

El bien entender es la puerta del saber *(To understand is the beginning of learning)*

El bien hacer nunca se suele perder *(To do good always wins)*

El bien hacer, buena siembra es *(To do good is to plant seeds)*

El bien y el mal andan revueltos en un costal *(Good and bad come in the same package)*

El bobo, si es callado, por listo es reputado *(The dimwitted, if quiet, appears smart)*

El buen alimento hace el buen entendimiento *(Good food makes for good understanding)*

El buen árbol alimenta sus raíces *(Good trees feed their roots)*

El buen bocado siempre es caro *(Good food is always more expensive)*

El buen caballo, de ladridos no hace caso *(A good horse does not get scared of a barking dog)*

El buen calamar en todos los mares sabe nadar *(A good squid can swim in all types of waters)*

El buen caminante hace su propio camino al caminar *(Good walkers make their paths while they walk)*

El buen carpintero mide dos veces pero sólo corta la madera una vez *(Measure twice, cut once)*

El buen hablar va junto con el buen callar *(Speaking well goes along with silence)*

El buen juez, por su casa empieza *(The good judge starts judging at home)*

El buen juicio viene con la experiencia y la experiencia viene de los errores *(Good judgment comes from experience, and a lot of that comes from bad judgment)*

El buen leňador nunca olvida su hacha *(A good lumber jack never forgets his axe)*

El buen libro de las penas es alivio *(A good book is a good cure for your soul)*

El buen seso huye de todo exceso *(Good minds do not like excesses)*

El buen vestido y el buen semblante son poderosos recomendantes *(Dressing well and looking good are good recommendations)*

El buen vino no merece ser probado por quien no sabe paladearlo *(Good wine doesn't deserve to be drunk by those who can't savor it)*

El bueno, lo malo calla; el malo, todo lo habla *(A good person does not talk about evil things, a bad person tells it all)*

El buey solo bien se lame *(A lone ox licks himself well, there is nothing like freedom)*

El burro flojo y la mala mujer, apaleados deben ser *(A lazy donkey and a bad woman deserve to be punished)*

El burro por adelante, para que no se espante *(The donkey goes first so he doesn't get frightened)*

El burro valiente lleva la carga y no la siente *(The brave donkey carries the load and does not feel it)*

El café en la taza y los toreros en la plaza *(Coffee in a cup and bullfighters in the bullring)*

El caldo de gallina, para mí, y no para mi vecina *(The chicken soup is for me and not for my neighbor)*

El callar y el hablar no caben en el mismo lugar *(Talking and silence don't fit in the same place)*

El camino a la felicidad casi nunca es fácil *(The road to happiness is never easy)*

El camino al infierno está empedrado de buenas intenciones *(The road to hell is paved with good intentions)*

El camino más largo empieza por el primer paso *(The longest journey starts with the first step)*

El cantar alegra el trabajar *(Singing makes work merry)*

El carácter es lo que eres, la reputación es los que otros creen que eres *(Character is what you are; reputation is what people think you are)*

El casado, casa quiere *(He who marries wants his own house)*

El casamiento del pobre es fábrica de encuerados *(The marriage of a poor man is a factory of the naked)*

El cebo es el que engaña, no pescador ni caña *(The bait is what lures the fish not the fisherman nor the fishing pole)*

El cerebro es embustero, el corazón es verdadero *(The brain may lie but the heart tells the truth)*

El chisme agrada, pero el chismoso enfada *(Gossip pleases but the one who tells gossip offends)*

El ciego que ha tropezado, le hecha la culpa al mal empedrado *(When the blind man trips, he blames the uneven pavement)*

El cielo es una capa que todo lo tapa *(The sky is a layer that covers everything)*

El consejo del adversario pocas veces es necesario *(Advice from your enemy is rarely necessary)*

El contratar requiere maña porque el que contrata engaña *(To enter into a contract is tricky because the one who offers the contract is deceitful)*

El corazón no envejece, es el cuero el que se arruga *(The heart does not grow old but the skin is what wrinkles)*

El corazón tiene razones que la razón no conoce *(The heart has reasons that reason is not aware of)*

El costo de la madurez es la vejez *(The cost of maturity is age)*

El criado antiguo, más que criado es un amigo *(An old servant is more of a friend than a servant)*

El criado y el oficial, haciendo lo que les manden, no harán mal *(The servant and the officer will not go wrong doing what they are told)*

El cuerpo humano siempre viene con garantía para toda la vida *(The human body always comes with a lifetime warranty)*

El daño recibido nos hace ser advertido *(The damage we receive should serve as a warning)*

El demasiado saber hecha los hombres a perder *(Too much knowledge can ruin a man)*

El desdichado va por agua al río y encuentra el cauce vacío *(The unlucky man goes to the river for water and finds it dry)*

El día de más calor, ese te abriga mejor *(The hottest day warms you best)*

El diablo abre la puerta y el vicio la mantiene abierta *(The devil opens the door and bad habits keep it open)*

El diablo estando ocioso, se mete de chismoso *(When the devil is idle he starts to gossip)*

El diablo más tienta a con los que ya cuenta *(The devil tempts more those who are already with him)*

El diablo no duerme pero se hace el dormido cuando le conviene *(The devil does not sleep but he acts like he's asleep it when it is convenient for him)*

El diablo sólo tienta a aquel con el que ya cuenta *(The devil only tempts those who are already with him)*

El diablo sólo tienta al que con la cruz no lo ahuyenta *(The devil only tempts those who do not chase him out with a cross)*

El diablo tiende la moza, y el mozo la goza *(The devil offers the girl and the boy enjoys her)*

El diablo tiene una capa que lo que tapa, tapa *(The devil has a cape that covers what it covers)*

El diente miente, la cana engaña, la arruga saca de duda y el pelo en la oreja ni duda deja *(The teeth lie, the gray hair deceives, the wrinkle eliminates any doubt, and hair in the ears leaves no doubt)*

El dinero cuesta mucho *(Money is very expensive)*

El dinero del juego, muchos lo tienen pero ninguno lo retiene *(Gambling money—many have it but few retain it)*

El dinero es tan mal amo como buen criado *(Money is as bad a master as it is a good servant)*

El dinero es tan mal señor como buen servidor *(Money is as bad of a boss as it is a good servant)*

El dinero llama al ladrón como el queso al ratón *(Money attracts a thief as cheese attracts a mouse)*

El dinero no hace la felicidad *(Money does not make happiness)*

El dinero no hace la felicidad... la compra hecha! (Money does not make happiness, it buys it ready-made)

El dinero no tiene enemigo *(Money has no enemies)*

El dinero se hizo para contarlo y las llaves para guardarlo *(Money was made to be counted and keys to safeguard it)*

El dinero sea tu criado pero no tu amo *(Let money be your servant but not your master)*

El ejemplo de los mayores hace buenos o malos a los menores *(Examples from adults make children either good or bad)*

El empezar es comienzo del terminar *(To start is the beginning of the end)*

El engaño gasta mucha ropa, el desengaño poca *(Cheating takes a lot of clothes, but disillusion takes few)*

El envidiado se da el atracón y el envidioso sufre la indigestión *(The one who is envied eats the feast, and the one who envies gets the indigestion)*

El equivocarse es una buena oportunidad para mejorar *(Mistakes are a good opportunity to improve)*

El errar es maestro de acertar *(Erring is the teacher of being correct)*

El escribano con su pluma resta de la casa ajena y en la propia suma *(With his pen, the notary deducts in another's home and adds in his own)*

El espejo no hace bonito lo feo *(The mirror cannot make pretty out of ugly)*

El espejo y la buena amistad siempre dicen la verdad *(The mirror and friendship always tell the truth)*

El éxito depende de como uno se levanta después de haber caído *(Success depends on how you get up after having fallen)*

El falso testimonio es obra del demonio *(False testimony is the work of the devil)*

El francés bien canta después de remojar la garganta *(The French man well sings after he wets his throat)*

El ganar dinero enseña a gastar *(To earn money teaches one to spend it)*

El hábito no hace al monje *(The habit doesn't make the monk)*

El hambre mató a pocos, la glotonería a muchos *(Hunger killed a few, gluttony killed many)*

El hambre mató al ratón y la curiosidad al gato *(Hunger killed the mouse and curiosity killed the cat)*

El hambre no mira el regalo, y para ello no hay pan malo *(Hunger does not examine the gift, and for hunger there is no bad bread)*

El hierro caliente se dobla fácilmente *(Hot iron bends easily)*

El hierro ha de ser batido mientras está enrojecido *(Iron should be shaped while it's red hot)*

El hijo que se parece a su padre, acredita de honesta a la madre *(The son that looks like his father makes the mother look honest)*

El hombre astuto hasta de los males saca fruto *(A wise man benefits even from bad experiences)*

El hombre de buena ley, tiene palabra de rey *(A law abiding man has the word of a king)*

El hombre demasiado cortés, falso es *(The man who is too polite is not sincere)*

El hombre discreto, alaba en público y amonesta en secreto *(The wise men praises in public and admonishes in secret)*

El hombre dispara y Dios dirige la bala *(Man fires the gun but God guides the bullet)*

El hombre embriagado, sin irse se ha ausentado *(A drunk man departs without leaving)*

El hombre en su casa reina y la mujer la gobierna *(Man is king of his house but his wife governs it)*

El hombre es como el oso, entre más feo más hermoso *(Men are like bears, the uglier the more beautiful)*

El hombre es más fuerte que el acero, más duro que la piedra y más frágil que la rosa *(Men are stronger than steel, harder than rock and more fragile than a rose)*

El hombre es un bicho malo que menos obedece a la razón que al palo *(Man is an evil creature who obeys reason less than the punishment)*

El hombre fuerte se ríe de la muerte *(A strong man laughs at death)*

El hombre hace dinero, pero el dinero no hace al hombre *(A man makes money but money does not make the man)*

El hombre honrado de su palabra es esclavo *(An honest man is a slave of his word)*

El hombre honrado, pobre, pero no humillado *(An honest man may be poor but never humiliated)*

El hombre ladino estando entre extraños no bebe vino *(A shrewd man won't drink wine among strangers)*

El hombre necio habla recio *(A foolish man speaks harsh words)*

El hombre ocioso siempre es vicioso *(A lazy man is always prone to vices)*

El hombre para ganar y la mujer para gastar *(The man to earn and the woman to spend)*

El hombre propone, Dios dispone, llega la mujer y todo lo descompone *(Man proposes, God disposes, the woman arrives and takes it all apart)*

El hombre prudente, mide bien lo que promete *(A prudent man always measures well what he promises)*

El hombre que espante y la mujer que encante *(Men scare and women enchant)*

El hombre que quiere mover una montaña, empieza por mover piedritas *(The man who wants to move a mountain begins by moving pebbles)*

El hombre que sabe, pronto sobresale *(The knowledgeable man quickly excels)*

El hombre quiere a la mujer sana y la mujer al hombre que gana *(The man wants a healthy wife and the wife wants a husband who earns)*

El hombre se hace viejo muy pronto y sabio muy tarde *(A man becomes old very quickly and wise very late)*

El hombre sólo es igual cuando nace y cuando se muere *(Men are only the same when they are born and when they die)*

El hombre vago a la vejez tendrá el pago *(A lazy man will receive his due when he becomes old)*

El ignorante es poco tolerante *(The ignorant are not tolerant)*

El ignorante, al ciego es semejante *(An ignorant person is similar to a blind person)*

El infierno está lleno de buenos deseos y de buenas obras el cielo *(Hell is full of good wishes and heaven of good deeds)*

El interés dueño del mundo es *(Avarice is the owner of the world)*

El jinete sabe sobre que caballo monta *(The jockey knows which horse he rides)*

El jornal del obrero suele quedarse en la tienda del cantinero *(The laborer's salary tends to stay in the bartender's store)*

El juego lo conozco yo, pero al jugador no *(I know the game but not the player)*

El juramento del mentiroso hace su decir más sospechoso *(The oath of the liar makes his words that much more suspicious)*

El ladrón juzga según su opinión *(The thief judges according to his own opinion)*

El león cree que todos son de su condición *(A lion believes that everyone is the same as he)*

El libro bueno de flores y frutos está lleno *(A good book is full of flowers and fruit)*

El loco, por la pena es cuerdo *(The madman makes sense because of the punishment)*

El mal ajeno da buen consejo *(Others' misfortune provide good advice)*

El mal bien sufrido para el cielo abre camino *(To suffer misfortune well opens a path to heaven)*

El mal y el bien en la cara se ven *(Good and bad can be seen on people's faces)*

El mandamiento del pobre: Primero reventar a que sobre *(The commandment of the poor: it it better to burst than to have any leftovers)*

El más chimuelo masca rieles *(The most toothless chews rails)*

El matrimonio es el mejor de todos los males *(Marriage is the best of all evils)*

El médico y el confesor, entre más viejos mejor *(Doctors and confessors, the older the better)*

El mejor acero pasa por los hornos más calientes *(The best steel goes though the hottest furnaces)*

El mejor cocinero es el hambre *(The best cook is hunger)*

El mejor pleito se pierde, y el perro más manso muerde *(The best fight may be lost, and the most docile dog may bite)*

El melón calado y el amigo bien probado *(Pierce the melon and taste-test your friends)*

El mercader orejas de corcho debe tener *(The shopkeeper needs ears made of cork)*

El mes de febrero lo inventó un casero, los de más de treinta quien paga la renta *(A landlord invented February; those who pay the rent invented the months with more that thirty days)*

El mexicano necesita una mula y una vieja. La mula que no sea tan vieja y la vieja que no sea tan mula *(A Mexican needs a mule and an old lady. The mule shouldn't be so old and the old lady not so mule-like)*

El miedo todo lo ve negro *(Fright sees everything black)*

El miedo y el amor todo lo hacen mejor *(Fright and love make everything better)*

El mismo diablo fue un ángel en sus principios *(The devil himself started out as an angel)*

El mozo a trabajar y el viejo a descansar *(The servant to work and the old man to rest)*

El mucho comer quita el buen entender *(Overeating eliminates good perception)*

El mucho saber no quita el mal hacer *(Knowledge does not prevent misdeeds)*

El mucho vino saca al hombre de tino *(Too much wine takes away a man's wisdom)*

El muerto a la sepultura y el vivo a la travesura *(The deceased to the grave and the clever to mischief)*

El muerto al hoyo y el vivo al bollo *(The deceased to the hole and the clever to the widow)*

El muerto y el arrimado, a los tres días apestan *(The cadaver and the guest begin to smell after three days)*

El mundo debería reír mas, pero después de haber comido *(The world should laugh more, but only after having eaten)*

El mundo es un mal pagador pero un buen cobrador *(The world doesn't pay well but it collects well)*

El mundo es un mercado; cuídate para no ser robado *(The world is a market; take care not to be robbed)*

El mundo no está amenazado por el mal, sino por los que permiten que exista el mal *(The world is not threatened by evil people but by people who permit evil to exist)*

El mundo no nos lo heredaron nuestros antepasados, sino que nos lo prestan nuestros hijos y nuestros nietos *(We did not inherit this world from our ancestors; rather, we are borrowing it from our children and grandchildren)*

El mundo promete y no da; si algo te da, caro te lo cobrará *(The world promises and doesn't give; if it does give you something it will charge you dearly)*

El mundo tiene eso, da poca carne y mucho hueso *(This world is like that; it gives little meat and lots of bone)*

El necio es malicioso, y de todos sospechoso *(The fool is malicious and suspicious of everyone)*

El niño engorda para vivir y el viejo para morir *(The baby gains weight to live; the old person gains weight to die)*

El no hacer falta y el estorbar, juntos suelen andar *(Not to be needed and to be in the way go hand in hand)*

El no tener algo desluce al mejor hidalgo *(To not have something tarnishes the best nobleman)*

El nombre dura más que el hombre *(The name last longer than the man)*

El obrero hace la obra, pero el maestro la cobra *(The worker builds the house, but the master charges for it)*

El ocio abre la puerta, y el vicio entra *(Laziness opens the doors and vice comes in)*

El odio engendra desprecio *(Hate begets contempt)*

El odio es mal consejero *(Hate is a bad advisor)*

El ofendido perdonó, pero nunca olvidó *(The one who is offended forgave but never forgot)*

El oficio quita el vicio *(A vocation eliminates vices)*

El optimismo perpetuo es un gran multiplicador de la fuerza *(Perpetual optimism is a great multiplier of effort)*

El oro aunque es mejor, brilla menos que el latón *(Gold, although better, shines less than tin)*

El oro bien huele, salga de donde saliere *(Gold smells good no matter where it comes from)*

El oro en manos el pobre, parece cobre *(Gold in the hands of a poor man looks like copper)*

El oro hace poderosos, pero no dichosos *(Gold makes powerful men but not happy men)*

El oro hecho moneda, ¡por cuántos centinelas rueda! *(Gold, made into coins— by how many sentrys has it rolled passed!)*

El oro huele a gloria, aunque haya estado en vil escoria *(Gold smells like glory even when it comes from vile trash)*

El oro ni pierde su color, ni se le pega el mal olor *(Gold does not lose its color nor does it retain any malodors)*

El padre para castigar y la madre para tapar *(The father to punish and the mother to cover up)*

El pájaro madrugador se come la lombriz pero el segundo ratón se come el queso *(The early bird gets the worm, but the second mouse gets the cheese)*

El pan ajeno hace al hijo bueno *(Someone else's bread makes a son good)*

El pan de casa cansa *(Bread from home is tiresome)*

El pan de la boda acabada, llámalos cansados y no casados *(After the wedding meal, call them tired and not newlyweds)*

El pan de la vecina para mi niño es medicina *(The neighbor's bread is medicine for my son)*

El pan de muertos siempre se lo comen los vivos *(The bread for the dead is always eaten by the living)*

El pariente como Dios te lo diere; el amigo, como tú lo hayas escogido *(God has given you the relative , but you have chosen the friend)*

El pasado es polvo, el futuro es viento, ¡hay que vivir el momento! *(The past is dust, the present is wind, live in the moment!)*

El pedir mucho es de loco, y de tonto el pedir poco *(To ask for a lot is crazy, but asking for little is dumb)*

El peligro y la adversidad son la mejor universidad *(Danger and adversity are the best university)*

El pensamiento postrero es mejor que el primero *(Second thoughts are better than the first)*

El pensamiento siempre anda de viaje, sin pagar peaje ni hospedaje *(Thoughts are always traveling, without paying toll nor room and board)*

El peor enemigo es el escondido *(The worst enemy is the one who is hidden)*

El peor fracaso es el no tratar *(The worst failure is not to have tried)*

El perro envidioso ni come ni deja comer *(Selfish dogs neither eat nor let others eat)*

El perro no debe morder la mano que le da de comer *(A dog should not bite the hand that feeds it)*

El pez grande se come al chico *(The big fish eats the small one)*

El pez por la boca muere *(A fish dies by its mouth)*

El placer engorda más que el comer *(Pleasure fattens more than food)*

El pobre halla cerradas todas las puertas; el rico, todas abiertas *(The poor man finds all doors closed, the rich man finds them all open)*

El pobre, da de lo poco que tiene; el rico, todo para sí quiere *(The poor man gives from what little he has; the rich man wants it all for himself)*

El pollo de enero, para julio es comedero *(January's chicks are good to eat by July)*

El prometer no empobrece y cosa de ricos parece *(To promise does not impoverish and it looks like a thing done by a rich man)*

El proverbio persa dice: "no toques a la mujer ni con el pétalo de una rosa"; Yo te digo no la toques ni con el pensamiento *(The Persian proverb says: "do not touch a woman even with a rose petal;" I tell you, do not touch her even with your thoughts)*

El que a buen árbol se arrima, buen rayo lo parte (He who takes cover under a good tree is struck by lightning)

El que a buen árbol se arrima, buena sombra le cobija *(He who takes cover under a good tree is sheltered by good shade)*

El que a este mundo vino y no toma vino, ¿a qué vino? (He who came to this world and does not drink wine, what did he come for?)

El que a fiero mata, a fiero muere *(He who lives fiercely will die fiercely)*

El que a hierro mata a hierro muere *(He who lives by the sword will die by the sword)*

El que a la muerte espera, la muerte le llega *(Death comes to those who wait for it)*

El que a tu casa no va, en la suya no te quiere *(He who doesn't go to your house doesn't want you in his)*

El que acaba primero le ayuda a su compañero *(He who finishes first helps his partner)*

El que al cielo escupe, le cae en la cara *(He who spits at the sky gets it back in his face)*

El que baja la cabeza, es el que menos tropieza *(The one who lowers his head is the one who trips the least)*

El que bebe para olvidar, primero debe de pagar *(The one who drinks to forget should pay first)*

El que busca encuentra *(He who searches finds)*

El que come y canta loco se levanta de la mesa *(He who sings and eats gets up crazy from the table)*

El que come y no convida, lleva un sapo en la barriga *(He who eats and does not share carries a toad in his belly)*

El que compra paraguas cuando llueve, en lugar de seis pesos paga nueve *(He who buys an umbrella when it is raining pays nine and not six dollars for it)*

El que con lobos anda a aullar se enseña *(He who runs with wolves learns how to howl)*

El que corre y no se fija, se va al suelo sin cobija *(He who runs and doesn't pay attention, falls to the ground without shelter)*

El que da primero da dos veces *(He who hits first hits twice)*

El que de ajeno se viste en la calle lo desnudan *(He who wears other's clothes is disrobed in the street)*

El que de santo resbala, hasta el infierno no para *(He who slips as a saint will not stop until he gets to hell)*

El que del diablo es amado, acude sin ser llamado *(He whom the devil likes goes to him without being called)*

El que dijo que saber vale más que tener, un sabio debió ser *(The man who said that knowledge is worth more than possessions must have been a wise man)*

El que es buen gallo dondequiera canta *(A good rooster crows anywhere)*

El que es perico dondequiera es verde *(He who is a parrot is green anywhere)*

El que es prevenido no es abatido *(The one who plans ahead is not overwhelmed)*

El que es tu amigo al prestarle, será tu enemigo al cobrarle *(He who is your friend when you lend him something will be your enemy when you try to collect from him)*

El que espera desespera *(He who waits despairs)*

El que ha de ser barrigón, aunque lo fajen de chico *(He who is to be big-bellied will be, even if he's girdled as a child)*

El que haga una cosa delincuente, que no lo cuente *(He who commits a delinquent act should not talk about it)*

El que hambre tiene en pan piensa *(He who is hungry thinks of bread)*

El que la hace, la paga *(Whoever does it pays)*

El que madruga Dios lo ayuda *(God helps those who rise early)*

El que madruga... encuentra todo cerrado (*He who rises early.... finds everything closed*)

El que madrugó una talega de oro se halló, pero más madrugó el que la perdió (*The one who got up early found a sack of gold but the one who lost it got up even earlier*)

El que mal anda mal acaba *(He who walks poorly ends badly)*

El que más no tiene se acuesta con su mujer (*He who has nothing else sleeps with his wife*)

El que mucho abarca poco aprieta *(He who takes on too much holds on to little)*

El que mucho corre pronto se cansa *(He who runs a lot soon tires)*

El que mucho habla de lo que sabe, poco sabe de lo que dice *(He who talks a lot about what he knows does not know a lot of what he talks about)*

El que mucho se despide pocas ganas tiene de irse *(He who says goodbye a lot does not want to go)*

El que nace en petate, huele a zacate *(He who was born on a mat smells like straw)*

El que nace panzón aunque lo fajen de chico *(He who is born to big bellied will be, even if girdled as a child)*

El que nace para buey, del cielo le caen los cuernos *(He who is born to be an ox, from the sky will fall his horns)*

El que nace para buey, hasta la coyunda lame *(He who is born to be an ox licks even his harness)*

El que nace para burro, rebuznando muere *(He who is born to be a donkey will die braying)*

El que nace para maceta, del corredor no sale *(He who is born to be a flowerpot will not move from the hallway)*

El que nace para tamal del cielo le caen las hojas *(He who is born to be a tamale will be wrapped in leaves sent from heaven)*

El que nada debe, nada teme *(He who does not owe anything has nothing to fear)*

El que no arriesga no gana *(He who does not take risks will not win)*

El que no atienda su tienda, que la venda *(Sell your store if you do not take care of it)*

El que no atiende su tienda, está buscando quien se la atienda *(He who does not care of his store is looking for someone who will)*

El que no corre vuela *(The one who doesn't run flies)*

El que no enseña no vende *(He who doesn't exibit doesn't sell)*

El que no habla Dios no lo oye *(God does not hear those who don't speak)*

El que no habla, Dios lo hizo mudo (*God makes mutes out of those who don't speak*)

El que no oye consejo no llega a viejo *(He who does not listen to advice will not live to old age)*

El que no sabe, es como el que no ve *(Not knowing is like not seeing)*

El que no te visita, no quiere que lo visites *(He who does not visit you does not want you to visit him)*

El que no vive para servir, no sirve para vivir *(He who does not live to serve is not prepared to live)*

El que paga la música manda el baile *(He who pays for the music requests the dance)*

El que parte y reparte se lleva la mejor parte *(He who cuts and serves takes the best piece)*

El que pega primero pega dos veces *(He who hits first hits twice)*

El que persevera, alcanza *(He who persists reaches his destination)*

El que pierde dinero, pierde mucho; el que pierde un amigo, pierde más; el que pierde la fe pierde todo *(He who loses money loses much; he who loses a friend loses more; he who loses his faith loses everything)*

El que por otro pide por sí aboga *(He who begs for another pleads for himself)*

El que por su gusto es büey, hasta la coyunda lame *(He who choses to be an ox licks even his own harness)*

El que por su mano muere, la muerte le sabe a gloria *(He who dies by his own hand, death tastes like glory)*

El que porfía mata venado *(He who persists kills the deer)*

El que presta caballo para torear o mujer para bailar no tiene que reclamar *(he who lends his horse to a bullfighter or his wife to a dancer has no reason to complain)*

El que presta su guitarra para tocar, no tiene que reclamar *(He who lends his guitar to be played cannot protest)*

El que presta un libro es un tonto, pero más tonto es el que lo regresa *(He who lends a book is a fool, but more of a fool is the one who returns it)*

El que primero lo huele, debajo lo tiene *(He who smells it first has it underfoot)*

El que quiera azul celeste que le cueste *(He who wants bright blue should pay for it)*

El que quiera azul celeste, que mezcle azul y blanco (*He who wants sky blue, should mix blue and white*)

El que quiera camarones que se moje los calzones *(He who wants shrimp should get his trousers wet)*

El que quiera ser dichoso, que nunca esté ocioso *(He who wants to be happy should never be idle)*

El que ríe al último ríe solo (*He who laughs last laughs alone*)

El que ríe al último, no entendió el chiste! (*The one who laughs last did not understand the joke!*)

El que ríe al último, ríe mejor *(He who laughs last laughs better)*

El que se acuesta con niños amanece mojado *(He who sleeps with children wakes up wet)*

El que se acuesta con perros, amanece con pulgas *(He who sleeps with dogs wakes up with fleas)*

El que se enoja, pierde *(He who gets angry loses)*

El que se quema con leche, hasta al jocoque le sopla *(He who has been burned by milk will even blow on cheese)*

El que siembra chismes, cosechará intrigas *(He who plants gossip will harvest deceptions)*

El que siembra vientos recoge tempestades *(He who plants winds harvests storms)*

El que sirve a dos amos, con uno queda mal *(He who serves two masters displeases one)*

El que solito se ríe, de sus maldades se acuerda *(He who laughs by himself remembers his mischiefs)*

El que temprano se moja tiene tiempo de secarse *(He who gets wet early has time to dry)*

El que tenga más saliva, que coma más pinole *(He who has more saliva should eat more pinole)*

El que tenga pito que pite y el que no que grite *(He who has a whistle should whistle and he who doesn't should yell)*

El que toca la miel se embarra *(He who touches the honey will be smeared)*

El que venga detrás me hereda, si algo queda *(He who comes behind me will inherit, if there is anything left)*

El que venga detrás que arríe *(The one at the back should drive the herd)*

El que vive de amor y vino, que no se queje de su destino *(He who lives off love and wine cannot complain about his destiny)*

El que vive de ilusiones muere desilusionado *(He who lives of illusions dies disillusioned)*

El querer y el amar no son sinónimos sino antónimos porque el que quiere lo exige todo y el que ama lo entrega todo *(To like and to love are not synonyms, rather they are opposites, because the one who likes wants everything and the one who loves gives everything)*

El recaudo hace cocina y no Catarina *(Seasoning makes the dish and not Catherine)*

El respeto a la ley, que comience por el rey *(Respect for the law should begin with the king)*

El respeto al derecho ajeno es la paz *(Peace is respect for another man's rights)*

El respeto al lecho ajeno es la paz (*Respect for another man's bed is peace*)

El rico come cuando quiere y el pobre cuando puede *(The rich man eats when he wants and the poor man when he can)*

El rico es codicioso, y el pobre deseoso *(Rich men are greedy and poor men desirous)*

El rico tiene cien sobrinos y primos *(The rich man has a hundred nephews and cousins)*

El rico traje hace al personaje *(A luxurious suit makes the celebrity)*

El ruin consejero no busca tu bien sino tu dinero *(A bad advisor is not after your wellbeing but rather your money)*

El saber da el poder *(Knowledge gives power)*

El sabio sabe cuando no sabe, el necio cree que todo lo sabe *(The wise man knows when he doesn't know, the fool thinks he knows everything)*

El sabio sonríe, el necio se ríe *(The wise man smiles, the fool laughs)*

El sastre, que corte y cosa y no se meta a otra cosa *(The tailor should cut and sew and not get involved in other things)*

El secreto del abuelo, lo sabe todo el pueblo *(The whole town knows the grandfather's secret)*

El secreto más bien guardado, es el que a nadie se ha confiado *(The best kept secret is the one that hasn't been confided)*

El sentido es el alma de la escritura, las palabras sólo su vestidura *(Meaning is the soul of writing, words are just the covering)*

El sí por sí y el no por no, es toda la ciencia que sé yo *(Yes means yes and no means no is all the science that I know)*

El sol sale para todos *(The sun comes out for everyone)*

El sol sale para todos y para todos corre el aire *(The sun comes out for everyone and the breeze blows for everyone)*

El sordo de moda, no oye más que lo que le acomoda *(A fashionably deaf person only hears what is convenient)*

El sueño es media vida, la otra media es la comida *(Sleep is half of life, food is the other half)*

El tan sólo querer es medio poder *(Just wanting to do something is half way to having it)*

El teléfono no sabe guardar secretos *(The telephone does not know how to keep secrets)*

El tiempo a todos da gustos y a todos da sustos *(Time gives us all pleasures and frights)*

El tiempo cura más higos que enfermos *(Time cures more figs than sick people)*

El tiempo es el mejor amigo del hombre *(Time is man's best friend)*

El tiempo es justiciero y vengador *(Time is just and revengeful)*

El tiempo es oro *(Time is gold)*

El tiempo no es oro, pero vale más que el oro *(Time is not gold, but it is worth more than gold)*

El tiempo siempre borrando y siempre escribiendo *(Time is always erasing and always recording)*

El tiempo todo lo borra *(Time erases everything)*

El tiempo y la hora con soga se han de atar *(Time and the hour should be tied down with rope)*

El tiempo, ni siempre da canas ni siempre da seso *(Time does not always give grey hair nor does it always give brains)*

El tío Tiempohabrá, se murió de viejo sin hacer nada *(Uncle Theresalwaystime died of old age without having done anything)*

El tío Tiempoqueda nunca hizo cosa buena *(Uncle Theresalwaystime never did anything good)*

El tonto nace y el sabio se hace *(The dimwitted is born and the wise are made)*

El tonto que del todo haya de ser, su poquito de Latín debe saber *(Even the one who's completely dumb should know a little Latin)*

El tonto y la malicia nacieron el mismo día *(The fool and malice were born on the same day)*

El tonto, entre más habla menos dice *(The fool, the more he talks the less he says)*

El toque no está en el mucho saber, sino en el bien entender *(The thing is not to know a lot but to understand well)*

El torero más diestro, del toro es tarde o presto *(Sooner or later even the skilled bullfighter is horned)*

El trabajar nunca ha matado a nadie... pero ¿para qué arriesgarse? (*Work has never killed anyone, but why risk it?)*

El trabajo dignifica y robustece, el ocio malifica y envilece *(Work dignifies and makes one robust, laziness makes one bad and vile)*

El trabajo es padre del descanso *(Work is the father of rest)*

El trabajo nunca dejes, aunque no ganes lo que mereces *(Never leave your work even if you don't earn what you deserve)*

El triunfo es más el resultado del uso constante del sentido común que del uso de la sabiduría *(Success is more the result of the persistent use of common sense than the use of knowledge)*

El uso hace diestro, y la destreza maestro *(Practice makes perfect and perfection makes you a master)*

El valiente vive hasta que lo sorprende su compadre (*The brave man lives until he's found out by his buddy*)

El valiente vive mientras el cobarde quiere *(The brave man lives as long as the coward wants him alive)*

El vestido del criado dice quien es el amo *(The servant's clothes tells who his master is)*

El viaje más largo siempre empieza con un paso *(The longest trip always begins with one step)*

El viajero se ilustra al viajar, pero no le da tiempo de comprar *(A traveler is enriched by travels but he doesn't have time to shop)*

El vicio quita el oficio *(A bad habit eliminates the job)*

El viejo se está muriendo y sigue aprendiendo *(The old man is dying but he's still learning)*

El villano, mejor presta a su mujer que a su asno *(The villain would rather lend out his wife than his donkey)*

El vino es para los reyes y el agua para los bueyes *(Wine is for kings and water for oxen)*

El vino no trae queso, pero se lleva el seso *(Wine does not bring cheese but it takes away your brains)*

El vino sacado es vino gastado *(A bottle of wine once opened is used up)*

El vino y la mujer el juicio hacen perder *(Wine and women make one lose one's good judgement)*

El vino y la mujer se burlan del saber *(Wine and women make fun of knowledge)*

El vivo se bebe al bobo *(The smart man devours the dumb one)*

El zorro perderá su pelo pero sus mañas nunca *(The fox can lose his hair but not his tricks)*

Empeñar es enfermar, pero vender es perecer *(To pawn is to get sick, but to sell is to perish)*

Empeño vano es pedir lana al asno *(To struggle in vain is like asking wool from a donkey)*

Empezada la torta, todo el que llega corta *(Once the time for eating the cake begins, everyone who comes slices)*

En abril no toques la raíz *(In April, don't touch the root)*

En acabarse la plata, el amor se desbarata *(When the money is gone, love falls apart)*

En aldeas miserables, cuatro casuchas y ocho bailes *(In poor villages, four shacks and eight dances)*

En arca sin llave ni candado, nada hay guardado *(In an arc without key nor lock, there's nothing safe)*

En boca cerrada no entra mosca *(A fly doesn't enter a closed mouth)*

En boca del mentiroso, lo cierto se hace dudoso *(In the mouth of a liar the truth is questionable)*

En cabezas ajenas escarmentaré, y de tuertos y cojos no me fiaré *(I'll learn from others' heads, and I won't trust the one-eyed or lame)*

En cada arco su clave y en cada puerta su llave *(Each arc should have its keystone and each door its key)*

En cada casa una brasa *(In each home a hearth)*

En cada refrán hay una verdad (*In each saying there is truth*)

En calma de mar no creas, por sereno que lo veas *(Don't trust a calm sea, no matter how still it appears)*

En camas extrañas, mal se pegan las pestañas *(In strange beds, the eyes don't shut very well)*

En camino largo, tanto anda el cojo como el sano *(On a long road, the lame walk as much as the fit)*

En casa ajena, el alma pena; en casa propia, el alma es gloria *(In someone else's house, the soul saddens; in one's own home glorious is the soul)*

En casa de vecindad, no demuestres tu habilidad *(Don't exibit your skills in your neighbor's house)*

En casa del herrero, nunca falta un palo *(In the house of the blacksmith there is always a stick)*

En casa del jabonero el que no cae resbala *(In the home of the soap maker the one who doesn't fall slips)*

En casa del jabonero, quien no cae, se baña *(In the home of the soap maker the one who doesn't fall takes a bath)*

En casa del rumboso, todo es gozo *(In the home of the musician everything is pleasure)*

En chica aldea, no hay pan duro ni mujer fea *(In a small town there is neither hard bread nor ugly women)*

En cochino y mujer, acertar y no escoger *(With respect to pigs and women, better to get it right and not to have to choose)*

En cojera de perro y lágrimas de mujer, no hay que creer *(One need not believe the limp of a dog or the tears of a woman)*

En copa dorada nos dan la purga disimulada *(In a gold cup we're given the concealed laxative)*

En copa dorada se da lo que no agrada *(In a gold up is given that which doesn't please)*

En corral de casa mezquina, ni canta gallo ni cacaraquea gallina *(In the yard of a poor house, neither does a rooster crow nor does a hen cackle)*

En cuanto a ropa interior, más vale preocuparse por el olor que por el color *(As far as underwear goes, it is better to worry about the odor than the color)*

En dar dinero, sé tú siempre postrero *(When it comes to giving money be always the last one)*

En dejar de comer por ya haber comido, no hay nada perdido *(There is nothing lost in not eating because of already having eaten)*

En Dios hay que confiar y no en curanderos de Satanás *(One should trust in God and not in Satan's witchdoctors)*

En el amor y en el dinero no hay que confiar ni en el compañero *(In questions of love and money don't even trust your companion)*

En el amor y en la guerra todo se vale *(All is fair in love and war)*

En el arca abierta hasta el justo peca *(In an open chest, even the honest one sins)*

En el camino de la boca, nadie se equivoca *(On the way to the mouth, nobody makes a mistake)*

En el grande aprieto se conoce al amigo neto *(You will know your true friends when you are in big trouble)*

En el infierno siempre es verano, pero sin agua fresca a la mano *(In Hell it's always summer, but with no fresh water at hand)*

En el mundo como en el mar no se ahoga quien sabe nadar *(In the world, as in the ocean, a good swimmer will not drown)*

En el país de los ciegos el tuerto es rey *(In the country of the blind, the one-eyed man is king)*

En el pecado se lleva la penitencia *(The sin carries its own sentence)*

En el peligro se conoce al amigo *(In danger, you find out who your friends are)*

En el peor aprieto, el mejor aliento *(In the toughest situation, the best attitude)*

En el que más sabe, mucho más saber cabe *(In the one who knows the most fits even more knowledge)*

En eso está la gracia, en hacer las cosas con eficacia *(The trick is to do things efficiently)*

En España hay dos Españas, una que trabaja y no come y otra que come y no trabaja *(In Spain there are two Spains, one that works and doesn't eat, and another that eats and doesn't work)*

En esta vida nada es verdad ni nada es mentira, todo es del color del cristal con que se mira *(In this life nothing is truth or lie; things are the color of the glass through which they are seen)*

En este mundo traidor, al mejor tratan peor *(In this treacherous world, the better person is treated worse)*

En gustos se rompen géneros *(Tastes break the rules)*

En hacer bien al ruin, bueno al principio pero malo al fin *(To do a favor for the scoundrel, good at the beginning but bad at the end)*

En horamala nació, quien mala fama cobró *(He who earned a poor reputation was born at the wrong time)*

En la adversidad se conoce la amistad *(You get to know your friends in adversity)*

En la adversidad se prueba la amistad *(Friendship is proven in adversity)*

En la barba del pordiosero, se enseña el aprendiz de barbero *(With the beggar's beard the apprentice barber learns)*

En la batalla del amor, el que huye es el vencedor *(In the battle of love, the one who runs off is the winner)*

En la boca del discreto, hasta lo público es secreto *(In the mouth of the discrete, even public knowledge is secret)*

En la boca del indiscreto, nada es secreto *(In the mouth of the indiscreet, nothing is secret)*

En la bolsa del pobre, cuando más hay cobre *(In the poor man's pocket, the most you'll find is copper)*

En la cárcel y en el hospital se conoce la amistad *(You can tell who your friends are when you are in jail or in the hospital)*

En la casa del ahorcado no debes hablar de la soga *(Don't talk of rope in the house of someone who's been hanged)*

En la casa del buen amo, vive y muere el buen criado *(Good servants live and die in the homes of a good master)*

En la casa del herrero azadón de palo *(In the blacksmith's house a wooden hoe)*

En la casa del holgazán, todo el año es día de San Juan *(In the home of the lazy, it's St. John's feast day all year long)*

En la casa del jabonero, el que no cae resbala *(In the home of the soap maker, the one that doesn't fall slips)*

En la casa del pobre, el que no trabaja no come *(In the poor man's house, he who doesn't work doesn't eat)*

En la casa manda el padre, cuando lo deja la madre *(In the home the father is boss when the wife allows it)*

En la duda, ten la lengua muda *(When in doubt, keep quiet)*

En la educación esperar es lamentar *(In education, to wait is to be sorry)*

En la guerra no mates al mensajero *(In war, do not kill the messenger)*

En la guerra y en el amor todo se vale *(All is fair in war and love)*

En la larga jornada, la leve carga es pesada *(On a long journey even light loads are heavy)*

En la mano están los dedos pero no todos parejos *(The fingers are on the hand, but not all are the same)*

En la medicina, como en todas las cosas, las novedades son peligrosas *(In medicine, like in everything else, new things are dangerous)*

En la mesa y en el juego, la educación se ve luego *(Good upbringing shows up at the dinner table and in gambling)*

En la mesa y en el juego, se conoce al caballero *(At the dinner table and in gambling one can recognize the gentleman)*

En la montaña, empieza como un viejo para terminar como un joven *(On the mountain, start like an old man so you can end like a young man)*

En la prosperidad nos conocen nuestros amigos, en la adversidad conocemos a nuestros amigos *(In prosperity our friends find us, in adversity we find out who our friends are)*

En la tempestad, cualquier puerto es bueno *(In a storm any port is good)*

En la tierra como en los mares, los peces chicos son los grandes manjares *(On land as in the sea, the smallest fish are the best delicacies)*

En la tierra de los ciegos, el tuerto es rey *(In the land of the blind, the one-eyed is king)*

En la tierra de los ciegos, el tuerto se hace buey (In the country of blind men the one-eyed man plays dumb)

En la tierra de los mudos, son reyes los tartamudos *(In the land of the dumb, the stutterers are kings)*

En las guerras de hoy en día, soldado entrincherado soldado desperdiciado *(In today's wars a trenched-in soldier is a wasted soldier)*

En llegando a seis y cero, los abriles se vuelven eneros *(Getting to six and zero, Aprils become Januaries)*

En lo que a otro toca no pongas mano ni abras boca *(Don't put a heavy hand on or open your mouth in regards to what is the responsibility of another)*

En lo que el diablo no sabe hacer pide consejos a la mujer *(Concerning that which the devil doesn't know how to do, he asks advice from a woman)*

En lo que no es de mi cuenta, lo mismo me da ocho que ochenta *(Regarding that which is not my responsibility, eight and 80 are the same to me)*

En lo que poco te va, lo mismo te de así que asá *(With regard to what you don't care about, this way or that way should be the same to you)*

En los ojos están los antojos *(Cravings are in the eyes)*

En los ojos se muestra el enojo *(Anger shows in the eyes)*

En los terrenos de este mundo crece más de lo que el labrador siembre *(In the lands of this world, more grows than what the farmer plants)*

En manos de los tontos, ni la pólvora arde *(In the hands of fools, not even gunpowder burns)*

En materia de color, el que a cada uno le gusta es el mejor *(With regard to color, the one that each one likes is the best)*

En mesa ajena, la tripa llena *(At the table of another, the belly is full)*

En mi tierra el más chimuelo masca nueces *(In my homeland even the toothless chews nuts)*

En mi tierra el que menos corre vuela *(In my homeland the one who goes the slowest flies)*

En mi tierra hasta en días nublados sale el sol *(In my homeland the sun shines even on cloudy days)*

En mi tierra hasta las chozas son residencias *(In my homeland even the huts are estates)*

En mi tierra hasta los ladrones piden permiso *(In my homeland even thieves ask permission)*

En ninguna parte está mejor el dinero que en poder de su dueño *(Money is never in a better place than in the hands of its owner)*

En pasando los cincuenta poca cama, poco plato y mucha suela de zapato *(after fifty, small bed, small plate and lots of shoe soles)*

En querer y aborrecer, es extremada la mujer *(In love and hate, women are extremists)*

En río quedo no metas ni el dedo *(Do not even put your finger in a river that's still)*

En sabores y olores cada quien busca sus flores *(In flavors and smells each person looks for his own flowers)*

En su casa un perro es león, en la ajena es un ratón *(In his own house the dog is a lion, in another's house he is a mouse)*

En su lugar cada cosa y los dineros en la bolsa *(Each thing in its place and money in your pouch)*

En sudor de caballo, juramento de hombre y llanto de mujer no has de creer *(Don't believe in the sweat of a horse, a man's oath, or the tears of a woman)*

En suelo fregado con jabón, ¿quien no dará en resbalón? *(The floor scrubbed with soap—who wouldn't slip?)*

En tal mundo vivimos, que para lo que queda por ver no es nada lo que ya vimos *(In this world what we have seen is nothing compared to what we have not seen)*

En tiempo de guerra, mil mentiras por mar y tierra *(In time of war, there are thousands of lies by sea and land)*

En tiempo de guerrilla, quien pilla, pilla *(In time of guerrilla warfare , whoever snags it, snags it)*

En tiempo guerrero, poco vale pluma y tintero *(In time of war, pen and ink are of little worth)*

En tiempos de guerra la cordura da esperanza, lo demás resulta en venganza *(In time of war prudence provides hope, everything else results in revenge)*

En todo hay engaños y más en telas y paños *(There is deceit in everything, especially in fabric and cloth)*

En todos lados cuecen habas *(Nuts are roasted everywhere)*

En tus apuros y afanes, escucha consejos de refranes (*In your struggles and troubles, listen to the advice of proverbs*)

En un abrir y cerrar de ojos *(In the blink of an eye)*

En un dos por tres, se vuelve el mundo al revés *(The world can turn upside down in a second)*

En un par de días mañana será ayer *(In just two days, tomorrow will be yesterday)*

En un solo año no puede haber dos mayos *(There cannot be two Mays in one year)*

En una mentira te cogí, y nunca mas te creí *(I caught you in one lie, and I never believed you again)*

En vano le añade mechas al candil quien aceite es lo que debe de añadir *(He uselessly adds wicks to the lamp when oil is what he should add)*

Enemistad entre parientes, pasa a los descendientes *(Enmity between relatives passes on to their descendents)*

Enero caliente, el diablo trae en el vientre *(A hot January brings the devil in his belly)*

Enfermos indigentes, no tienen parientes *(The sick that are poverty-stricken have no relatives)*

Engañar al engañador, no es deshonor *(To fool a liar is no dishonor)*

Enseñando se aprende *(One learns by teaching)*

Enseñar es volver a aprender *(To teach is to learn again)*

Entender no es saber, ni saber es entender *(Understanding is not knowing, neither is knowing understanding)*

Entierra el grano el labrador y lo encomienda a Nuestro Señor *(The farmer plants the seed and entrusts it to Our Lord)*

Entierro sin curas, como si se hiciera a oscuras *(A funeral without priests…it's like having it in the dark)*

Entre amantes, flores son diamantes *(Between lovers, flowers are like diamonds)*

Entre amar y aborrecer, poco trecho suele haber *(There is only a short stretch between love and hate)*

Entre amigos verdaderos, no se miran los dineros *(Between true friends money matters do not matter)*

Entre casados y hermanos, que ninguno meta las manos *(Let no one stick their finger in matters between brothers or spouses)*

Entre decir y hacer, una ballena suele caber *(A whale can usually fit between talking about it and doing it)*

Entre diablo y suegra, sea el diablo el que venga *(If the choice is between the devil or the mother-in-law, let the devil come)*

Entre el proponer y el dar, largo trecho suele mediar *(There is usually a long stretch between the proposal and the giving)*

Entre gitanos no se dicen la buenaventura *(Gypies do not tell their own fortunes)*

Entre iguales, a quien nada te regale, nada le regales *(Among equals, don't give a gift to whomever gives you nothing)*

Entre la bonita y sosa y la fea con garabato, con la fea quiero trato *(Between the pretty and boring girl, and the ugly and rich girl, I prefer to associate with the ugly one)*

Entre la cuna y la sepultura, no hay cosa segura *(There is nothing certain betwen the crib and the grave)*

Entre la mujer y el gato ni a quien ir de más ingrato *(Between a women and a cat, one never knows who is more ungrateful)*

Entre lo salado y lo soso, está el punto sabroso *(The tastiest point is somewhere between salty and bland)*

Entre los mejores vestidos tiene el demonio sus escogidos *(The devil has made his choices amongst the best-dressed people)*

Entre marido y mujer nadie se debe meter *(No one should come between a husband and wife)*

Entre más alto se trepe más dura es la caída *(The higher one climbs the harder one falls)*

Entre más grande es la culpa más grande es la urgencia de culpar a otros *(The greater a person's guilt, the greater his need to blame others)*

Entre más grandes son, más duro caen *(The bigger they are the harder they fall)*

Entre menos burros, más olotes *(The fewer the donkeys, the more corncobs)*

Entre negocio y negocio, mete algún ocio *(Between business and business put in some leisure time)*

Entre nosotros los arrieros no nos robamos las mulas *(Between us wranglers, we do not steel each other's mules)*

Entre nosotros los basureros, no nos olemos la ropa *(Between us garbage men, we do not smell each other's clothes)*

Entre nosotros los bomberos no nos pisamos las mangueras *(Between us firemen, we do not step on each other's hoses)*

Entre nosotros los ciclistas no nos ponchamos las llantas *(Between us cyclists, we do not flatten each other's tires)*

Entre nosotros los curas no nos contamos los pecados *(Between us priests, we do not tell each other our sins)*

Entre nosotros los curas no nos robamos las limosnas *(Between us priests, we do not steal the offerings)*

Entre nosotros los gitanos, no nos adivinamos la suerte *(Between us gypsies, we do not tell each other's fortunes)*

Entre nosotros los leñadores no nos mellamos las hachas *(Between us lumbermen, we do not chip each other's axes)*

Entre padres y hermanos no metas las manos *(Don't stick your fingers in matters between parents or siblings)*

Entre perros y gatos no metas tus manos *(Don't stick your fingers in matters between dogs and cats)*

Entre salud y dinero, salud quiero *(Between health and wealth, I want health)*

Entre suegra y nuera, no hay una hora buena *(Between mother-in-law and daughter-in-law, there's no good time)*

Envidia ni tenerla ni temerla *(Have neither fear nor envy)*

Era novio, no vio y a ciegas se casó *(When he was a boyfriend, he couldn't see, and so he married blindly)*

Errar es humano, perdonar es divino *(To err is human, to forgive divine)*

Es bestia quien va al infierno por no dejar rico a su yerno *(He's a beast who goes to hell in order to avoid making his son-in-law rich)*

Es blanco el papel para que con tinta negra escribas en él *(Paper is white so that you can write on it with black ink)*

Es bueno dejar el trago, lo malo es no acordarse donde *(It is good to leave your drink, the bad thing is not to remember where you left it)*

Es bueno el encaje, pero no tan ancho *(Lace is good, but not if it's too wide)*

Es de sabios cambiar de ¡vieja! (The wise switch their old ladies)

Es de sabios cambiar de opinion *(Changing one's mind is a trait of a wise man)*

Es difícil vivir con los avaros pero terminan siendo unos antepasados maravillosos *(It is difficult to live with the miserly, but they end up being marvelous ancestors)*

Es fácil despreciar lo que no se puede lograr *(It is easy to scorn what you cannot accomplish)*

Es fácil sentarse y ver lo malo, lo que es difícil es pararse y remediarlo *(It is easy to sit and see what's wrong, but what is difficult is to stand up and fix it)*

Es hombre discreto el que le huye al pleito *(He who flees from a fight is a discreet man)*

Es la misma gata nomás revolcada *(It's the same cat, only it's turned over)*

Es más fácil decirlo que hacerlo *(It is easier said than done)*

Es más fácil hacer las cosas bien que explicar por qué las haces mal *(It is easier to do things well than to explain why you do them poorly)*

Es más fácil no meterse en problemas que salir de problemas *(It is easier to stay out of trouble than to get out of trouble)*

Es más madre la que cría que la que engendra *(The one who raises them is more of a mother than the one who bears them)*

Es mejor decir aquí corrió que aquí murió *(It is better to say he ran here than he died here)*

Es mejor perder un minuto de vida, que la vida en un minuto *(It is better to waste one minute of life than to lose your life in one minute)*

Es mejor poco y bueno que mucho y malo *(It's better to have a little of something good than more of something bad)*

Es mejor ser esposa de pobre que amante de rico *(It is better to be the wife of a poor man than a rich man's lover)*

Es mejor tener poco de algo bueno que mucho de algo malo *(It is better to have a little of a good thing than a lot of a bad one)*

Es mejor una amistad perdida que una tripa retorcida *(It is better to lose a friend than to develop a stomach ulcer)*

Es natural ver gente joven y bonita, pero ver gente vieja y bonita es un arte *(It is natural to see young and pretty people, but to see old and pretty people is an art)*

Es nuestro deber hacer las cosas como si no tuviera límite nuestra habilidad *(It is our responsibility to do things as though there was no limit to our abilities)*

Es peor el remedio que la enfermedad *(The remedy is worse than the disease)*

Es preciso tener fuerza para soportar el abuso pero es preciso tener valor para hacerlo parar *(It's necessary to have strength to bear the abuse but it's necessary to have the courage to make it stop)*

Es tonto el que presta un libro, pero es más tonto el que lo regresa *(Lending a book is dumb, but returning it is even dumber)*

Es un gran error vivir toda la vida con miedo de cometer un error *(It is a great error to live your life continually fearing you will make a mistake)*

Es una locura pensar en la medicina que todo lo cura *(It is crazy to think that one medicine will cure all)*

Esa enfermedad se cura con telarañas *(That illness is cured with cobwebs)*

Esa es mi España y mi Francia, donde tengo mi ganancia *(That's my Spain and my France, where I make my profit)*

Esa es mi patria donde todo me sobra y nada me falta *(That's my homeland, where I have more than I need and I lack nothing)*

Escarmentar en cabeza ajena es lección barata y buena *(To learn from somebody else's experience is a cheap and good lesson)*

Escoge mujer limpia y cenceña, que sucia y gorda se volverá ella *(Choose a clean and thin woman, because dirty and fat she'll become)*

Escoger y acertar no siempre van a la par *(To choose and to succeed don't always go hand-in-hand)*

Ese es mi tío que quiere el bien mío, y quien no lo quiere no es mi pariente *(The one who wants the best for me is my uncle, and the one who doesn't is not my relative)*

Ese ojal y ese botón, para tal cual son *(That buttonhole and that button are made for each other)*

Ese perro no me muerde otra vez *(That dog will not bite me again)*

Ese tiene telarañas en los ojos *(That guy has cobwebs in his eyes)*

Español rojo y Alemán moreno, ninguno bueno *(A Spanish redhead and a German brunette—neither is good)*

Esta vida no vale la pena pero hay que hacerla valer la pena *(This life is not worth it but you must make it worth it)*

Estamos arando, dijo la mosca cuando estaba parada en el cuerno del buey *(We are plowing said the fly when he was standing on the ox's horn)*

Estando el diablo de ocioso, se metió de chismoso *(The devil became a gossip when he was bored)*

Estar contento es mejor que ser rico *(To be happy is better than being rich)*

Estar en brasas *(To be on coals)*

Estar hecho unas brasas *(To be red as an ember)*

Estase el viejo muriendo y cada día esta aprendiendo *(The old man is dying and he's learning every day)*

Estiércol, agua y sol, padres del buen maíz son *(Manure, water and the sun are the parents of good corn)*

Estírate galgo y serás mas largo *(Stretch, greyhound, and you'll become longer)*

Estrujado el limón, cáscara y tripas al rincón *(Once the lemon is squeezed, the skin and pulp go to the corner)*

Exagerar y mentir, por un mismo camino suele ir *(Exaggerations and lies usually follow the same path)*

Explicación no pedida es acusación admitida *(An explanation that's not requested is an acceptance of the accusation)*

Extiende la pierna pero sólo hasta dónde la cobija alcance *(Extend your leg but only as far as the blanket reaches)*

Fácil es recetar, lo difícil es curar *(To prescribe medicine is easy, what's difficult is to heal)*

Faena que tu bolsillo llena, buena faena *(A task that fills your pocket is a good task)*

Faldas vemos, calzones no sabemos *(We can see the skirt, but we don't know about the underwear)*

Farol de la calle y oscuridad de su casa *(He's the light of the street but darkness in his home)*

Favor con favor se paga *(A favor is paid with a favor)*

Favorece al afligido y serás favorecido *(Favor the afflicted and you will benefit)*

Favorece al que te ayudó y olvida al que se negó *(Favor the one who helped you and forget the one who wouldn't)*

Favores en cara echados ya están pagados *(Favors rubbed in your face are already paid back)*

Favores, quien menos los merece, menos los agradece *(Favors: those who need them the least are the least grateful)*

Febrero loco y marzo otro poco *(February is crazy and March is a little more so)*

Felices los que nada esperan porque nunca serán defraudados *(Happy are those who never expect anything because they will never be disappointed)*

Fingir es casi mentir *(To pretend is almost to lie)*

Fingir locura, es a veces cordura *(To pretend to be crazy is sometimes good judgement)*

Firmar sin leer, sólo un necio puede hacer *(Only a fool can sign a document without reading it)*

Flor sin olor no es completa esa flor *(A flower without perfume is not a complete flower)*

Flor sin olor, le falta lo mejor *(A flower without perfume lacks the best part)*

Fraile que pide a Dios, vale dos *(A monk who prays to God is worth two)*

Freno dorado no mejora al caballo *(A golden bridle does not improve the horse)*

Fruta de huerta ajena, es sobre todas buena *(Fruit from another's garden is better than all other fruit)*

Fue por lana y salió trasquilado *(He went for wool and came out shaved)*

Fuera de México todo es Cuautitlán *(Outside of Mexico, everything is Cuautitlán)*

Fuerte como un toro pero tonto como un buey *(Strong as a bull but dumb as an ox)*

Galán atrevido, de damas preferido *(Gallant and daring is the preference of women)*

Galgo que va tras dos liebres, sin ninguna vuelve *(The dog that chases two rabbits returns with none)*

Gallina que al gallo espanta, córtale la garganta *(Cut the throat of the hen that frightens the rooster)*

Gallina que duerme en alto, con echarle maíz se apea *(The hen that sleeps up high can be brought down by throwing her a little corn)*

Gallina vieja hace buen caldo *(An old hen makes good broth)*

Gallo que no canta, algo tiene en la garganta *(A rooster that doesn't crow has something in its throat)*

Gana ahora que estas joven, para que puedas gastar de viejo *(Earn now that you're young, so that you can spend when you are old)*

Gana al que te quiere mal, y tendrás un amigo más *(Win over the one who doesn't like you and you'll have one more friend)*

Ganar sin guardar, poco es de estimar *(To earn money without saving any is not very admirable)*

Gato dormilón, no pilla al ratón *(The sleepy cat doesn't catch the mouse)*

Gato enrratado, no quiere ni pescado *(The cat who likes mice doesn't even want fish)*

Gato maullador, nunca buen cazador *(The cat that meows is never a good hunter)*

Genio y figura, hasta la sepultura *(Charm and physique stay with you till the grave)*

Gobierna tu dinero o él te va a gobernar *(Govern your money or it will govern you)*

Gobierna tu mente o ella te va a gobernar *(Govern your mind or it will govern you)*

Gran pena debe ser tener hambre y ver comer *(It must be sad to be hungry and watch people eat)*

Gran poder tiene el amor, pero el dinero mayor *(Love is very powerful, but money is even more so)*

Grande o pequeño, cada cual carga con su leño *(Large or small, everyone carries his own log)*

Grandes mentes discuten ideas, mentes normales discuten eventos y mentes chicas discuten gente *(Great minds discuss ideas; normal minds discuss events; small minds discuss people)*

Guarda tu temor para tí mismo pero comparte tu valor *(Keep your fear to yourself but share your courage)*

Habla bien de los ausentes y haz el bien a los presentes *(Speak well of those who are absent and do well by those who are present)*

Habla siempre que debas y calla siempre que puedas *(Always speak when you should and be quiet whenever possible)*

Habladas o escritas las palabras, sobran las que no hacen falta *(Whether spoken or written, words that are not necessary are too much)*

Hablando del rey de Roma y es él quien se asoma *(Speak of the devil and he appears)*

Hablando perderás, escuchando ganarás *(Talking you'll lose, listening you'll win)*

Hablando se entiende la gente *(People understand each other by talking)*

Hablar poco y mal, ya es mucho hablar *(To talk little but bad is already too much talking)*

Hablar, no cuando puedas sino cuando debas *(Speak, not when you can but when you should)*

Hacer bien al desconocido no carece de peligro *(To help a stranger does not lack danger)*

Hacerse viejo con dignidad es mejor que morir con valentía *(To grow old with dignity is better than to die with courage)*

Hacerse viejo es inevitable, madurar es opcional *(To grow old is inevitable, to mature is optional)*

Haciendo y deshaciendo se va aprendiendo *(One learns by doing and undoing)*

Hambre furiosa, no respeta ninguna cosa *(Extreme hunger respects nothing)*

Harto sabe quien sabe que no sabe *(The one who knows that he does not know, knows a lot)*

Hay dos maneras de alumbrar, la vela que alumbra y el espejo que refleja *(There are two ways to shed light, the candle that gives light and the mirror that reflects it)*

Hay dos palabras que te abrirán muchas puertas: "jale y empuje" (*There are two words that will open many doors for you, "push and pull"*)

Hay más tiempo que vida *(There is more time than life)*

Hay muertos que no hacen ruido y es más grande su penar *(There are the dead who make no noise and their greif is greater)*

Hay que caminar junto al pobre sin olvidar que es un hombre y junto al rico sin pensar que es un dios *(One must walk with the poor man remembering he is human and with the rich man without thinking he is a god)*

Hay que cavar el pozo antes de tener sed *(One must dig the well before becoming thirsty)*

Hay que comer para vivir y no vivir para comer *(One should eat to live and not live to eat)*

Hay que darle para adelante porque para atrás se va solo *(One must push forward because to go backwards requires no effort)*

Hay que darle sopa de su propio chocolate *(They should be given soup made of their own chocolate)*

Hay que darle tiempo al tiempo *(One must give time to time)*

Hay que ganar el mundo para nosotros y no dejar que el mundo nos gane *(One must win the world for ourselves and not allow the world to beat us)*

Hay que hacer de tripas corazón *(One must make a heart out of entrails)*

Hay que saber cuando hablar para poder triunfar *(One must know when to speak in order to prevail)*

Hay que saber perder *(One must know how to lose)*

Hay que trabajar como negros para vivir como blancos *(One must work like blacks in order to live like whites)*

Hay un mundo mejor, pero es carísimo (*There is a better world, but it is very expensive*)

Hay veces que nada el pato y hay veces que ni agua bebe *(There are times when the ducks swim and there are times when they don't even drink water)*

Haz el bien sin importarte las consecuencias *(Do good without caring about the consequences)*

Haz el bien y no mires a quien *(Do good and don't notice for whom)*

Haz el mal y espera otro tal *(Do evil and expect the same back)*

Haz el mal y no mires a cual (*Do evil and don't notice for whom*)

¡Hazlo bien y no mires con quien! (*Do it well regardless of who is with you!)*

Hazlo bien... sin mirar con quien (*Do it well, without looking at who is there*)

Hazte cordero y te comerán los lobos *(If you appear to be a lamb, you'll be eaten by the wolves)*

Hazte lobo y comerás corderos *(Appear to be a wolf and you'll eat lamb)*

Hazte sordo y ponte gordo *(Apear deaf and you'll get fat)*

Hecha nudada y no perderás puntada *(Make knots and you won't lose a stitch)*

Hermosura sin bondad, más que un bien es un mal *(Beauty without kindness is bad rather than good)*

Hermosura y castidad, pocas veces juntas van *(Beauty and chastity rarely go together)*

Hidalgo de Guadalajara, lo que dice de noche, no cumple en la mañana *(What a nobleman from Guadalajara promises at night he doesn't live up to in the morning)*

Hidalgo que tiene un galgo, ya tiene algo *(The nobleman who has a dog at least has something)*

Hierba mala nunca muere *(Weeds never die)*

Hija y madre son como uña y carne sobre todo contra el padre *(Mother and daughter are united like finger and nail, especially against the father)*

Hijo de gato caza ratones *(A son of a cat always hunts mice)*

Hijo de mi hija, mi nieto será; hijo de mi hijo, sólo Dios lo sabrá *(Son of my daughter must be my son, but son of my son…only God knows)*

Hijo de tigre sale pintado *(The tiger's son comes out spotted)*

Hombre bien hablado, en todas partes bien mirado *(A man who speaks well is well looked-upon everywhere)*

Hombre bien vestido, en todas partes bien recibido *(A well-dressed man is well-received everywhere)*

Hombre bien vestido, nunca mal parecido *(A well-dressed man is never unattractive)*

Hombre celoso, hace de una pulga un oso *(A jealous man makes a bear out of a flea)*

Hombre cortés, de todos bien estimado es *(A courteous man is held in good esteem by all)*

Hombre demasiado cortés, falso es *(A man who is too courteous is insincere)*

Hombre mal afortunado, no es envidiado *(An unlucky man is never envied)*

Hombre mezquino, no pida ayuda a su vecino *(A lazy man should not ask for help from his neighbor)*

Hombre prevenido vale por dos *(A cautious man is worth two)*

Hombre que fía, es como un ciego sin guía *(A man who lends money is like a blind man without a guide)*

Hombre refranero, medido y certero *(A man who speaks in proverbs is cautious and sure of himself)* potada

Hombre sin defecto alguno, ninguno *(There is no man without any faults)*

Hombre sin vicio ninguno, escondido tendrá alguno *(A man without any bad habits must have one hidden)*

Hoy por ti y mañana por mí *(Today for you, tomorrow for me)*

Hoy son amores, mañana son dolores *(Today it's love, tomorrow it's pain)*

Huir cuando es menester, con honra se puede hacer *(To flee when needed can be done with honor)*

Huir de lo mal cernido, es del hombre precavido *(To flee from what turned out badly is a trait of a cautious man)*

Humano es errar, y divino perdonar *(To err is human, to forgive is divine)*

Huye de las tentaciones... despacio para que puedan alcanzarte *(Run from temptations... but run slowly so they can catch up with you)*

Idos los ladrones, se toman mil precauciones *(After the thieves are gone, one takes a thousand precautions)*

Ignorar es peor que errar *(To ignore is worse than to err)*

Ignorar para preguntar y preguntar para saber, eso es aprender *(To not know and then ask, and to ask in order to understand, that is to learn)*

Impedir lo que ha de ser, no puede ser *(To prevent what is to be cannot be)*

Indio comido, indio ido *(Indian who has eaten, Indian who has left)*

Ir a matar lobos no es para bobos *(To go hunt wolves is not for the foolish)*

Ir de bien en mejor, no hay cosa mejor *(There is nothing better than to go from good to better)*

Ir de mal en peor, no hay cosa peor *(There is nothing worse than going from bad to worse)*

Ira sin fortaleza no vale ni media cereza *(Anger without strength is not even worth half a cherry)*

Jala más un par de piernas de mujer que una yunta de bueyes *(A pair of women's legs pulls more than a team of oxen)*

Jamás cerró una puerta Dios, sin abrir otras dos *(God never closed a door without opening two more)*

Jamás olvidó el que bien amó *(The one who loved well has never forgotten)*

Jamás se ha quejado el oro de ser robado *(Gold never complained of having been stolen)*

Jeremías llora sus penas y no las mías *(Jeremiah cries for his own sufferings and not for mine)*

Joya en una fea, la adorna pero no la hermosea *(Jewelry adorns an ugly woman but does not make her beautiful)*

Juego y bebida, casa perdida *(Gambling and drinking can cost you your home)*

Juegos de manos son de villanos *(Rough play is the play of villains)*

Juez cohechado, debía de ser ahorcado *(A judge who has been bribed should be hanged)*

Juez limpio de manos, no acepta regalos *(A judge whose hands are clean does not accept gifts)*

Juez mal informado, fallo desacertado *(Misinformed judge, ill-advised verdict)*

Juez muy pobre, a la justicia se come *(A poor judge breaks the law)*

Juez que dudando condena, merece pena *(A judge who hands down a verdict in doubt deserves a sentence)*

Juez sin conciencia, mala sentencia *(Judge without a conscience, bad sentence)*

Jugar y nunca perder, no puede ser *(To gamble and never lose cannot be)*

Juicio precipitado, casi siempre errado *(A rushed judgment is almost always a bad judgment)*

Junta de lobos, muerte de ovejas *(Meeting of wolves, death of lambs)*

Junta de tres, tribunal es *(A meeting of three is a tribunal)*

Junto a la muerte no hay cosa fuerte *(There is nothing stronger than death)*

Junto a río ni convento, no hagas nada de fundamento *(Don't build anything with a foundation neither near a river nor near a convent)*

Junto al pisotón, la exclamación *(The scream and the stomped foot occurs together)*

Juntos pero no revueltos *(Together but not scrambled)*

Juramentos de amor y humo de chimenea, el viento se los lleva *(The wind takes away promises of love and smoke from the chimney)*

Justicia es agravio, cuando no la aplica el sabio *(Justice is wrong when it's not applied by a wise man)*

La abeja, de todas las flores se aprovecha *(Bees take advantage of all flowers)*

La abeja, de unas flores coge y de otras deja *(Bees take from some flowers and leave others)*

La abundancia da arrogancia *(Abundance creates arrogance)*

La alegría del vino hace al rey mendigo *(The happiness of the wine makes a beggar out of a king)*

La amabilidad no cuesta nada pero vale mucho *(Kindness does not cost anything but is worth a lot)*

La amistad es como una cuenta bancaria, antes de firmar un cheque hay que hacer depósitos *(Friendship is like a bank account, before signing a check one must make deposits)*

La amistad no tiene edad *(Friendship has no age)*

La amistad y el negocio no se deben mezclar *(Friendship and business should not be mixed)*

La aseada mujer riega antes de barrer *(The tidy woman sprinkles before sweeping)*

La avaricia rompe el saco *(If you're too greedy you'll end up with nothing)*

La ayuda llega de quien menos se espera *(Help comes from where it is least expected)*

La balanza no distingue el oro del plomo *(The scale does not distinguish gold from lead)*

La basura de uno es tesoro de otro *(One man's garbage is another's treasure)*

La belleza es superficial *(Beauty is superficial)*

La buena comunicación resulta en admiración *(Good communication results in admiration)*

La buena educación conviene para usarla con quien la tiene *(It is advisable to use good education with other educated people)*

La buena lectura distrae, enseña y cura *(Good reading entertains, teaches, and cures)*

La buena suerte se pasa y el saber se queda en casa *(Good luck goes off but knowledge stays home)*

La cabra siempre tira al monte *(The goat always pulls toward the mountain)*

La campana no va a misa pero avisa *(The bells do not go to mass but it notifies of it)*

La caridad empieza en casa *(Charity begins at home)*

La caridad esconde muchos pecados *(Charity hides many sins)*

La carne de burro no es transparente *(Donkey meat is not transparent)*

La carne en el techo y el hambre en el pecho *(Meat on the roof and hunger in the belly)*

La cáscara guarda al palo *(The bark protects the trunk)*

La chancla que yo tiro no la vuelvo a levantar *(The sandal I discard I don't pick up again)*

La ciudad más limpia no es la que se barre más, sino la que se ensucia menos *(The cleanest city is not the one that is swept more, but rather the one that gets less dirty)*

La cobija y la mujer, suavecitas han de ser *(Blankets and women should be soft)*

La cocina es locura si no gobierna la cordura *(The kitchen is a crazy place if good judgement does not prevail)*

La conciencia es a la vez, testigo, fiscal y juez *(The conscience is, at the same time , witness, prosecutor and judge)*

La condición hace al ladrón *(The circumstances make the thief)*

La confidencia es como la gravedad, lo que sube tiene que bajar *(Confidence is like gravity, what goes up must come down)*

La confusión está clarísima *(The confusion is very clear)*

La conversación atrae la solución *(Conversation attracts the solution)*

La conversación es el alimento del alma *(Conversation is food for the soul)*

La cordura es lengüicorta *(Good judgment has a short tongue)*

La credibilidad es casi tan difícil de recuperar como la virginidad *(Credibility is almost as difficult to recover as virginity)*

La cruz de más excelencia es la cruz de la paciencia *(Patience is the most excellent cross)*

La curiosidad mató al gato *(Curiosity killed the cat)*

La democracia requiere paciencia, sin embargo es muy buena ciencia *(Democracy requires patience, however it is a very good science)*

La desgracia a la puerta vela, y en la primera ocasión se cuela *(Disasters watches at the door, and enters at the first opportunity)*

La desgracia es la cruda del poder *(Disgrace is the hangover of power)*

La distancia embellece el paisaje *(Distance beautifies the landscape)*

La envidia agranda al envidiado y achica al envidioso *(Envy makes the victim grow and diminishes the envious)*

La esperanza es lo último que muere *(Hope is the last thing to die)*

La esperanza no llena la panza *(Hope alone does not fill the stomach)*

La espina, ya nace con la punta fina *(Thorns are born with a fine tip)*

La esposa en casa con suegro, dice calle quiero que en casa me muero *(The wife who is at home with the in-laws says she wants to get out because she will die at home)*

La excepción confirma la regla *(The exception confirms the rule)*

La excepción de la regla dura 9 meses *(The exception to the menstrual cycle lasts nine months)*

La excusa del lerdo "ahora que te veo me acuerdo" *(The lazy man's excuse, "now that I see you I remember")*

La experiencia es la madre de la ciencia *(Experience is the mother of science)*

La experiencia hace al maestro *(Experience makes the master)*

La experiencia hace la diferencia *(Experience makes the difference)*

La experiencia no se fía de la apariencia *(Experience does not have any confidence in appearances)*

La fama no tiene carro ni yegua, pero a todos lados llega *(Fame does not have a wagon or mare, but it reaches all places)*

La fe puede mover montañas *(Faith can move mountains)*

La felicidad está en el corazón *(Happiness is in the heart)*

La felicidad no es un destino al que llegar sino una forma de viajar *(Happiness is found not in reaching a destination but rather in the journey itself)*

La felicidad no está en hacer lo que nos guste, sino en que nos guste lo que tenemos que hacer *(Happiness is not in doing what we like but in liking what we must do)*

La felicidad y el dinero no se pueden esconder *(Happiness and money cannot be hidden)*

La fuerza no da el derecho *(Might does not give right)*

La fuerza reside en la tenacidad *(Power resides in tenacity)*

La gratitud es madre de nuevos favores *(Gratitude is the mother of new favors)*

La guerra a muchos da vida, y a muchos entierra *(War gives life to many, and buries many)*

La guerra no determina quien gana sólo quien queda *(War does not determine who wins, but rather who remains)*

La guerra sólo tiene una cosa buena; la paz que tiene en pos de ella *(War has only one good thing, the peace that it brings at its end)*

La guerra termina después de haber enterrado al ultimo soldado *(War ends after the last soldier is buried)*

La guerra y el fuego, hay que sofocarlos al comienzo *(War and fire should be extinguished at the beginning)*

La gula por el queso al ratón mató, y la curiosidad por todo al gato mató *(Greed for cheese killed the mouse, and curiosity killed the cat)*

La historia es mejor guía que las buenas intenciones *(History is a better guide than good intentions)*

La holgazanería de todos los vicios es portería *(Laziness is the door to all bad habits)*

La honra que se perdió, tarde o nunca se recobró *(Honor that is lost is recovered later or never)*

La honra y el provecho no duermen en el mismo lecho *(Honor and gain don't sleep in the same bed)*

La honra, la mujer y el vidrio, siempre están en peligro *(Honesty, women, and glass are always in danger)*

La ignorancia es la madre de la admiración *(Ignorance is the mother of admiration)*

La ignorancia es lo más caro de la educación *(Ignorance is the most expensive part of education)*

La imitación es el mejor halago *(Imitation is the best flattery)*

La impaciencia es hermana de la intolerancia *(Impatience is sister to intolerance)*

La ira es locura, el tiempo que dura *(Rage is craziness as long as it lasts)*

La justicia es una señora, que el que ante ella canta, pronto llora *(Justice is a lady, the one who sings before her soon cries)*

La juventud la cura el tiempo *(Youth is cured by time)*

La juventud vive de la esperanza y la vejez de los recuerdos *(Youth lives off hope and old age off memories)*

La labranza es hermana gemela de la crianza *(Farming and raising children are twin sisters)*

La larga experiencia más que los libros enseña *(Experience teaches more than books)*

La leña verde mal se enciende *(Green wood does not burn well)*

La lengua aunque no tiene huesos, los quiebra *(The tongue does not have bones but is capable of breaking some)*

La ley del embudo: para mí lo ancho y para ti lo agudo *(The law of the funnel: the wide part for me and the narrow part for you)*

La libertad es una alhaja que con ningún dinero se paga *(Freedom is a jewel that cannot be bought at any price)*

La lima, lima a la lima *(A file files another file)*

La limosna callada es la que a Dios agrada *(Quiet charity is what pleases God)*

La llave poco guarda, si ella no está bien guardada *(The key does not safeguard much if it is not itself well safeguarded)*

La llave, es de la paz la clave *(The key is key to peace)*

La luna suele ser embustera; sucederá siempre lo que Dios quiera *(The moon is sometimes a liar; what God wants is what will always happen)*

La mala cama hace la noche larga *(A bad bed makes the night long)*

La mala fama al hombre mata *(A bad reputation kills a man)*

La mala lavandera, mucho jabón espera *(The bad washerwoman expects a lot of soap)*

La maldición gitana dice: 'Entre abogados te veas' *(The gypsy curse says, 'I hope to see you between lawyers')*

La mancha de aceite, paso a pasito se extiende *(An oil stain spreads little by little)*

La mano es una buena criada, así para cosa buena coma para cosa mala *(The hand is a good servant for the good as well as for the bad)*

La mano trabajadora, nada señora; la que no trabaja, casi en cada dedo una alhaja *(The working hand is not ladylike; the one that does not work has a ring on almost every finger)*

La mansa cordera, mama de su madre y de la ajena; la brava, ni de su madre mama *(The tame lamb nurses from her own mother as well as others'; the mean one does not nurse even from her own mother)*

La maravilla de ayer, pocos hoy la van a ver *(Today, very few people will see yesterday's wonders)*

La marca de la magia es ver un milagro en lo común *(The mark of magic is to see a miracle in the ordinary)*

La mayor ventura, poco dura *(The best period of good luck does not last long)*

La mejor lotería es una buena economía *(The best lottery is thriftiness)*

La mejor manera de deshacerse de enemigos es hacerlos amigos *(The best way to get rid of enemies is to make them friends)*

La mejor manera de predecir el futuro es planeándolo *(The best way to predict the future is to plan it)*

La mejor manera de terminar con la tentación es convertirla en remordimiento *(The best way to stop temptation is to transform it into regret)*

La mejor medicina está en tu cocina *(The best medicine is in your kitchen)*

La mejor presa no llega a la mesa *(The best piece of meat does not make it to the table)*

La mejor presa se la come la cocinera *(The best piece of meat is eaten by the cook)*

La mejor vecina, la cocina *(The kitchen is the best neighbor)*

La memoria es el talento de los tontos *(Memory is the talent of the foolish)*

La menta el amor aumenta *(Mint makes love grow)*

La mente ociosa siempre es lujuriosa *(An idle mind is always lusting)*

La mentira anda con muletas y la verdad sin ellas *(Lies walk with crutches, the truth walks without them)*

La mentira busca el rincón, la verdad la luz del sol *(Lies look for a dark corner; the truth looks for sunlight)*

La mentira es buena porque manda nuestros problemas al futuro, la verdad es mejor porque los manda al pasado *(A lie is good because it sends our problems to the future; the truth is better because it sends them to the past)*

La mentira pronto es vencida *(Lies are soon found out)*

La mentira tiene velocidad pero la verdad tiene vitalidad *(Lies have speed but the truth has vitality)*

La mesa mata más gente que la guerra *(The table kills more people than war)*

La misa, dígase y óigase sin prisa *(Mass should be said and heard with no hurry)*

La mona siempre es mona aunque la vistan de real persona *(The monkey is always a monkey even dressed as a real person)*

La montaña más alta que podemos conquistar es nuestra mente *(The highest mountain we can climb is our own mind)*

La muerte no es el final, sino un principio formal *(Death is not the end, but rather a formal beginning)*

La muerte siempre es traidora, nunca dice ni el día ni la hora *(Death is deceiving, it will never tell you the day or the time)*

La muerte y el amor, igualadores son *(Death and love are equalizers)*

La mujer a nada debe de oler; y si huele a algo, huela a mujer *(A woman should smell like nothing, and if she smells, she should smell like a woman)*

La mujer bella, para el que sepa entenderse con ella *(A beautiful woman is for the one who can get along with her)*

La mujer buena es inapreciable prenda *(A good woman is an invaluable jewel)*

La mujer buena, leal, y con decoro, es un tesoro *(A good, loyal and respectable woman is a treasure)*

La mujer chica, con poca tela se viste *(A small woman dresses with a little cloth)*

La mujer compuesta quita al marido de la otra puerta *(A well-groomed woman keeps her husband away from the other door)*

La mujer con su marido, hasta en el campo tiene abrigo *(A woman finds warmth in her husband even in the field)*

La mujer de bien, ni debe oler mal ni debe oler tan bien *(A good woman should neither smell bad nor smell too good)*

La mujer invita al hombre a comer sopa, viene el diablo y les sopla *(When a woman invites a man to eat soup, the devil comes and whispers to them)*

La mujer que no huele a nada es la mejor perfumada *(The woman who smells like nothing is the best-perfumed woman)*

La mujer que no tiene suerte con los hombres no sabe la suerte que tiene *(The woman who is unlucky with men does not know how lucky she is)*

La mujer y la mentira, nacieron el mismo día *(Women and lies were born on the same day)*

La mula entre los burros se distingue *(The mule stands out among the donkeys)*

La mula no era arisca, los malos tratos la hicieron *(The mule was not hostile, mistreating it made it aggressive)*

La naturaleza es el mejor curandero *(Nature is the best healer)*

La nave está más segura con dos anclas que con una *(The boat is more secure with two anchors than with one)*

La necesidad es la madre de la invención *(Necessity is the mother of invention)*

La necesidad es más fuerte que la ley *(Necessity is stronger than the law)*

La niña entre niñas, la viña entre viñas *(The girl among girls, and the grapevine among grapevines)*

La noche para pensar, el día para obrar *(Night is for thinking and the day for working)*

La noticia mala llega volando, la buena cojeando *(Bad news flies fast, good news limps)*

La novedad es flor de un dia, hoy no luce lo que ayer lucía *(Novelty is like a flower, today it doesn't look like it did yesterday)*

La ocasión es la madre de la tentación *(Opportunity is the mother of temptation)*

La ocasión hace al ladrón *(Opportunity makes the thief)*

La ocasión solamente pasa una vez por cada casa *(Opportunity passes each house only once)*

La ociosidad es la madre de todos los vicios *(Laziness is the mother of all bad habits)*

La ociosidad es la madre... de una vida bien padre! (Laziness is the mother ….of a great life!)

La oportunidad llama sólo una vez *(Opportunity knocks only once)*

La paciencia es buena ciencia *(Patience is good science)*

La paciencia es la madre de la ciencia *(Patience is the mother of science)*

La paciencia le sirve tanto al ratón como al gato *(Patience serves the mouse as well as the cat)*

La palabra vale lo que vale quien la dice *(A promise is as good as the one who gives it)*

La penitencia es buena ciencia *(Penitence is good science)*

La pereza conduce a la pobreza *(Laziness leads to poverty)*

La pereza es la madre de la pobreza *(Laziness is the mother of poverty)*

La pereza es la madre de todos los vicios, y como madre hay que respetarla (Laziness is the mother of all bad habits, and as a mother, we should respect her)

La pereza es tan lenta que la pobreza pronto la alcanza *(Laziness is so slow that poverty soon catches up to it)*

La persona que es curiosa, tiene un refrán para cada cosa (*The curious person has a saying for each thing*)

La pimienta es chica pero pica *(Pepper is small but hot)*

La posesión del oro hace el corazón de plomo *(The possession of gold turns the heart to lead)*

La práctica hace al maestro *(Practice makes the master)*

La prenda y la doncella, el que más dé por ella *(The dress and the girl go to the one who will give the most for them)*

La primera obligación del hombre es ser feliz, la segunda es hacer felices a otros *(Man's first obligation is to be happy, his second obligation is to make others happy)*

La pulga nace picando y la espina punzando *(The flea is born biting and the thorn pricking)*

La pulga nace saltando y el hombre llorando *(The flea is born jumping and man crying)*

La que a su marido ha de servir, no puede mucho dormir *(The wife who has to serve her husband can't sleep much)*

La que a todos les parece hermosa, para su marido es peligrosa *(The wife who looks beautiful to everyone is dangerous for her husband)*

La que a tu casa viene, viene a saber lo que tienes *(The one who comes to your house, comes to see what you have)*

La que de amarillo se viste en su hermosura confía *(The one who dresses in yellow is confident of her own beauty)*

La que quiera azul celeste ... que se acueste! (The girl who wants sky blue….let her lie down!)

La ropa sucia se lava en casa *(Dirty clothes are washed at home)*

La rueda que más rechina es la que más se engrasa *(The wheel that squeaks the most is the one that gets greased the most)*

La sabiduría es más valiosa que el oro *(Knowledge is more valuable than gold)*

La sangre no se lava con sangre *(Blood is not washed with blood)*

La sangre se hereda y el vicio se pega *(Blood is inherited and bad habits are caught)*

La sinceridad es la mejor virtud que el hombre puede tener *(Sincerity is the best virtue that a man can have)*

La sopa hervida, cuestión concluida *(Once the soup has boiled, the issue is finished)*

La suerte de la fea, a la bonita le vale madre (*The good luck of the ugly girl, is not worth anything to a pretty girl*)

La suerte de la fea, la bonita la desea *(The pretty girl is desirous of the luck of the ugly girl)*

La suerte es loca y a cualquiera le toca *(Luck is crazy and it can hit anyone)*

La suerte es loca y de vez en cuando a todos les toca *(Luck is crazy and once in a while it hits everyone)*

La telaraña de la mujer, sólo ella la sabe tejer *(Only a woman knows how to knit her own web)*

La tercera es la vencida *(The third time is the charm)*

La última gota derrama la copa *(The last drop overflows the goblet)*

La unión hace la fuerza *(Unity makes strength)*

La unión hace la...tercia (Union makes for a threesome)

La uva tiene dos sabores divinos, como uvas y como vino *(Grapes have two wonderful flavors, as grapes and as wine)*

La vecindad es casi parentesco *(Neighbors are almost relatives)*

La vecindad es fuerte amistad *(Neighbors have strong friendships)*

La vejez mala enfermedad es *(Old age is a bad illness)*

La venganza nunca es buena, mata el alma, pues la envenena *(Revenge is never good; it kills the soul like poison)*

La ventura es paño que poco dura *(Good luck is a cloth that does not last long)*

La verdad absoluta no existe y esto es absolutamente cierto (*The absolute truth doesn't exist and this is absolutely true*)

La verdad es lo que está de acuerdo con lo que ya creemos *(The truth is that which is consistent with what we already believe)*

La verdad no es tan importante como tener la razón *(The truth is not as important as being correct)*

La verdad no peca pero incomoda *(The truth is not a sin, but it can make one uncomfortable)*

La vergüenza, una vez perdida, se perdió para toda la vida *(Shame, once lost, is lost forever)*

La vida dura tres días y dos ya han pasado *(Life lasts three days and two are already gone)*

La vida empieza cuando los hijos se van y los perros se mueren *(Life begins when the children leave and when the dogs die)*

La vida es corta, y pasarla alegre es lo que importa *(Life is short, and to live it joyfully is what's important)*

La vida es eso que pasa a tu lado mientras planeas qué hacer con ella *(Life is what passes you by while you plan what to do with it)*

La vida es un gran libro abierto para el que vive despierto *(Life is a great, an open book for those who live awake)*

La vida es un libro sin contenido para el que vive dormido *(Life is a book without any contents for those who live asleep)*

La vida larga o corta, que sea buena es lo que importa *(Long or short, what's important in life is that it's good)*

La vida no es torcida, es uno el que la tuerce *(Life is not screwed up; we are the ones who screw it up)*

La vida no tiene nada contra nosotros, nosotros la amoldamos *(Life does not have anything against us; we mold it)*

La vida se mide según a quien amas y según a quien dañas *(Life is measured according to those you love and those you hurt)*

La violencia, engendra más violencia *(Violence makes for more violence)*

La viuda joven en su cama por el muerto llora y por un vivo clama *(The young widow cries in her bed for her dead husband and cries out for a living one)*

La viuda que se arrebola, para mí no duerme sola *(A sociable widow, in my opinion, doesn't sleep alone)*

La viuda rica con un ojo llora y con el otro replica *(The rich widow cries with one eye and rings a bell with the other)*

La zorra no huele a sus zorritos *(The mother fox does't smell her own cubs)*

Labra y siembra, y en Dios espera *(Cultivate and plant, then rely on God)*

Ladrón que roba a ladrón vive en el Distrito Federal (A thief who robs another thief lives in Mexico City)

Ladrón que roba a ladrón, tiene cien años de perdón *(A thief who robs another thief gets 100 years of amnesty)*

Lágrimas con pan, pronto se secarán *(Tears with bread soon dry)*

Lágrimas de heredero, poco mojan el pañuelo *(The heir's tears barely wet the handkerchief)*

Las anteriores arrugas, ni con maquillaje se quitan *(Previous wrinkles can't even be removed with makeup)*

Las apariencias engañan *(Looks are deceiving)*

Las barajas y las mujeres, se van con quien ellas quieren *(Cards, like women, go with whomever they want)*

Las buenas palabras no tienen mucho volumen pero tienen ecos infinitos *(Good words are not loud but echo infinitely)*

Las cantinas no hacen borrachos sino que los borrachos hacen cantinas *(Taverns do not make drunks; rather drunks make taverns)*

Las cárceles no hacen a los delincuentes, sino los delincuentes hacen a las cárceles *(Jails do not make criminals; rather criminals make jails)*

Las cosas de palacio van despacio *(Matters of government move slowly)*

Las cosas que le llegan a los que esperan son las cosas que dejaron los que llegaron primero *(The things that come to those who wait are the things that were left behind by those who came first)*

Las cuentas claras y el chocolate espeso *(Accounting should be clear and chocolate thick)*

Las desgracias nunca vienen solas *(Adversity never comes alone)*

Las grandes hazañas están guardadas para los grandes hombres *(Great deeds are reserved for great men)*

Las historias de cacería seguirán glorificando al cazador *(Hunting stories will continue glorifying the hunter)*

Las imágenes hablan por sí solas *(Images speak for themselves)*

Las lágrimas, piedras ablandan *(Tears soften stones)*

Las maldiciones caen sobre quien maldice *(Curses fall upon those who curse others)*

Las mujeres como las sardinas, mientras más chicas más finas *(Women like sardines... the smaller the finer)*

Las mujeres de San Juan antes de que les pidan dan (*Women from San Juan give before they are asked*)

Las mujeres sin maestro saben llorar, mentir y bailar *(Women, without a teacher, know how to cry, lie and dance)*

Las mujeres son como las guitarras, los resultados dependen de quien las toca *(Women are like guitars; results depend on who plays them)*

Las niñas buenas van al cielo y las malas van a todas partes (*Good girls go to heaven, the bad ones go everywhere*)

Las noticias malas tienen alas *(Bad news have wings)*

Las palabras son cosa hueca, si con obras no se rellenan *(Words are hollow if they are not filled with actions)*

Las paredes oyen *(Walls have ears)*

Las penas con pan son buenas *(Problems are good with bread)*

Las recaídas son peores que la enfermedad *(The relapse is worse than the original illness)*

Las visitas dos gustos nos dan, uno cuando llegan y otro cuando se van *(Visitors make us happy twice, once when they arrive and once when they leave)*

Las visitas gusto dan, pero es cuando se van *(Visitors give us happiness, but only when they leave)*

Las visitas y los pescados, a los tres días apestan *(Visitors and fish start to stink after three days)*

Le entra por un oído y le sale por el otro *(It comes in one ear and goes out the other)*

Le hablo a la bacinica, no a su contenido *(I speak to the chamber pot, not to its contents)*

Le hablo al arriero, no a las mulas *(I speak to the cowboy, not to the mules)*

Le hablo al dueño del cabaret y no a las cabareteras *(I speak to the owner of the dance hall, not to the dancers)*

Lección bien aprendida, tarde o nunca se olvida *(A lesson well learned is never forgotten)*

Lecciones quieren dar los cojos para bien andar *(Those who limp want to teach how to walk well)*

Lee antes de firmar y cuenta antes de guardar *(Read before you sign and count before you deposit)*

Leer es para la mente lo que el ejercicio es para el cuerpo *(Reading is for the mind what exercise is for the body)*

Leer sin entender es no leer *(To read without understanding is not to have read)*

Leer sin hacerse cargo de lo leído, es tiempo perdido *(To read without assimilating what you read is wasted time)*

Leña sin humo ni la hay ni nunca la hubo *(Firewood without smoke doesn't exist and never did)*

Leña verde hace mucho humo *(Green wood makes for a lot of smoke)*

Lengua malvada corta más que la espada *(A mean tongue cuts more than a sword)*

Lento pero seguro *(Slowly but surely)*

Les das un dedo y se toman la mano *(You give them a finger and they take the whole hand)*

Libro cerrado no hace letrado *(A closed book edifies no one)*

Libro cuya lectura no te mejore, quizás te empeore *(If a book doesn't make you better by reading it, it might make you worse)*

Libro prestado, libro perdido *(A loaned book is a lost book)*

Libro que pensar no hace, no satisface *(A book that doesn't make one think is not satisfying)*

Libros y años hacen al hombre sabio *(Books and years make men wise)*

Limosnero y con garrote *(A beggar with an attitude)*

Llaga incurable, vida miserable *(Incurable wound, miserable life)*

Llagas hay que no se curan toda la vida duran *(Wounds that don't heal last your whole life)*

Llagas y cuentas viejas, malas yagas y malas cuentas *(Old wounds and old debts are bad wounds and bad debts)*

Llama a lo fiado regalado, que es el nombre más apropiado *(Refer to what you lend as a gift, because that is a more appropriate name)*

Llama al vino, vino y al pan, pan y todos te entenderán *(Refer to wine as wine and bread as bread, and all will understand you)*

Llámame perro judío, pero no te lleves nada mío *(Call me a dog but do not take anything which is mine)*

Llamar al toro desde la barrera, eso lo hace cualquiera *(Anyone can call the bull from the other side of the fence)*

Llanto de heredero no moja el pañuelo *(An heir's tears don't wet the handkerchief)*

Llanto de heredero, llanto placentero *(An heir's tears are pleasant tears)*

Llanto de heredero, poco duradero *(An heir's tears don't last long)*

Llanto de mujer y lluvia de verano, pasan volando *(A woman's tears and summer rain pass quickly)*

Llanto de viuda, ligera lluvia *(Widow's tears, light rain)*

Llanto del que ni el pañuelo se entera, llanto no era *(Tears that the handerkerchief doesn't even notice are not really tears)*

Llantos de viuda y aguaceros de abril, no llenarán el barril *(A widow's tears and April showers will not fill the barrel)*

Llave bien guardada, bien guarda *(A well-guarded key guards well)*

Llave de oro, lo abre todo *(A gold key opens everything)*

Llave echada hace a tu vecina honrada *(A locked door makes your neighbor honest)*

Llave que no siempre está echada, no guarda nada *(A lock that is not always locked safeguards nothing)*

Llegar a besar, es mucho lograr *(To get to kissing is accomplishing a lot)*

Lléguese a la raya, pero más lejos no se valla *(You may go up to the line, but no farther)*

Llena el vientre, más no tanto que reviente *(Fill your stomach but no so much that it bursts)*

Llena o vacía, que la casa sea mía *(Empty or full, that house should be mine)*

Lleva con ánimo igual lo que es bien y lo que es mal *(Take the good and the bad with equal enthusiasm)*

Llora tus penas y deja las ajenas *(Cry your own sorrows and pay no heed to those of others)*

Llorando engañó la mujer al diablo *(By crying, the woman tricked the devil)*

Lo amargo es provechoso y lo dulce dañoso *(What is bitter is useful, what is sweet is harmful)*

Lo bailado nadie lo quita *(No one can take away what has already been danced)*

Lo barato cuesta caro *(What's cheap is expensive)*

Lo bien aprendido nunca es perdido *(What is well learned is never lost)*

Lo bien aprendido nunca se olvida *(What is well learned is never forgotten)*

Lo caído, caído *(What has fallen has fallen)*

Lo convenido debe de ser cumplido *(What is promised should be done)*

Lo cortés no quita lo valiente *(Courtesy does not diminish courage)*

Lo del agua, al agua *(What comes from water, returns to water)*

Lo dicho, dicho está *(What is said is said)*

Lo feo con dinero se quita *(Money removes ugliness)*

Lo fiado es rara vez pagado *(What is loaned is seldom returned)*

Lo hecho, hecho está *(What is done is done)*

Lo importante es el dinero, la salud va y viene *(Money is what's important, health comes and goes)*

Lo importante no es ganar, sino hacer perder al otro *(The important thing is not to win but to make the other one lose)*

Lo importante no es morir por la patria, sino hacer que el enemigo muera por la suya *(The important thing is not to die for your country but to make the enemy die for their's)*

Lo importante no es saber, sino saber quien sabe *(The important thing is not to know but to know who knows)*

Lo importante no es ser rico o ser pobre; lo importante es ser solvente *(It does not make any difference if you are rich or poor, the important thing is to be solvent)*

Lo importante no es tenerlo sino saber donde está *(What's important is not to have it but to know where it is)*

Lo inútil siempre es caro aunque cueste barato *(What's useless is expensive even if it's cheap)*

Lo mal adquirido se va como ha venido *(What's ill acquired goes as easily as it came)*

Lo malo nunca es lo peor *(What's bad is never the worst)*

Lo más caro de la educación es la ignorancia *(The most expensive thing about education is ignorance)*

Lo más importante de la vida es estar vivo *(The most important thing about life is to be alive)*

Lo más importante en la vida es la vida *(The most important thing in life is life itself)*

Lo más importante no es qué tienes sino a quién tienes *(What's most important is who you have, not what you have)*

Lo mejor de los dados es no jugarlos *(The best thing about dice is not to gamble with them)*

Lo mejor del valor es la discreción *(The best attribute of courage is discretion)*

Lo mismo es a cuestas que al hombro *(On your back or over the shoulder, it's all the same)*

Lo mismo peca el que mata la vaca como el que le detiene la pata *(He who kills the cow sins equally as he who restrains its leg)*

Lo prestado es muy amigo de lo dado *(What is loaned is close friends with what is given away)*

Lo prestado es primo hermano de lo dado *(What is loaned is first cousin to what is given away)*

Lo principal y primero es salvar el comedero *(First and foremost rescue the food)*

Lo prohibido es más apetecido *(What is forbidden is more appealing)*

Lo prometido es deuda *(What you promise you owe)*

Lo que bien empieza bien acaba *(What begins well ends well)*

Lo que bien se aprende nunca se olvida *(What is well learned is never forgotten)*

Lo que con tus padres hagas, con tus hijos lo pagarás *(What you do to your parents you will pay with your children)*

Lo que de Dios está, sin duda se cumplirá *(What God wills will without a doubt come to be)*

Lo que de Dios esté, en la mano lo tendré *(What God wills I will hold in my hand)*

Lo que de joven no se aprende de viejo no se comprende *(What you don't learn while young you don't understand when you're old)*

Lo que dice el panadero, no todo es verdadero *(Not everything that the baker says is true)*

Lo que dieres te darán y lo que hicieres te harán *(What you are willing to give you will receive and what you would do will be done unto you)*

Lo que el médico curar no puede, lo cura la muerte *(What the doctor cannot cure, death will cure)*

Lo que el médico yerra, lo cubre la tierra *(The earth will cover the doctor's mistake)*

Lo que en los libros no está, la vida lo enseñará *(What is not written in the books will be taught by life)*

Lo que es bueno para el pájaro es bueno para la parvada *(What is good for the goose is good for the geese)*

Lo que es de muchos, es de pocos *(What belongs to many belongs to few)*

Lo que es necesario, por ningún precio se vende *(What is required should not be sold at any price)*

Lo que ha de ser, por fuerza tiene que suceder *(Whatever is to·be must happen)*

Lo que ha de ser, tiene mucho poder *(Whatever is to be has much power)*

Lo que ha de suceder, lleva en sí mucho poder *(Whatever is to occur contains much power)*

Lo que ha de suceder, no puede dejar de ser *(Whatver is to be cannot cease to be)*

Lo que ha sido braza, fácilmente vuelve a arder *(What has already blazed easily burns again)*

Lo que hoy parece, mañana perece *(What appears today disappears tomorrow)*

Lo que la mujer no consigue hablando lo logra llorando *(What a woman cannot get talking she will accomplish crying)*

Lo que la vieja quería, soñando lo tenía *(In her dreams the old lady could have what she wanted)*

Lo que los inteligentes hacen al principio, los tontos hacen al final *(What the wise do at the beginning, the fools do at the end)*

Lo que mal se empieza, mal se acaba *(What does not start well does not end well)*

Lo que más escasea, más se desea *(What is most scarce is what is most desired)*

Lo que no fue en tu año, no fue en tu daño *(What was not in your year did not hurt you)*

Lo que no hace daño, engorda *(What doesn't hurt you makes you fat)*

Lo que no nace no crece *(What has not been born cannot grow)*

Lo que no roban los ladrones, aparece en los rincones *(What the thieves have not taken will show up in the corners)*

Lo que no se empieza, nunca se acaba *(What is not started is never finished)*

Lo que no se siembra no se cosecha *(What is not sown is not harvested)*

Lo que obtener no puedo es lo que más deseo *(What I can't have is what I most want)*

Lo que pasó, pasó, y el viento se lo llevó *(What happened happened, and is gone with the wind)*

Lo que place es bueno, aunque sea malo y feo *(What pleases you is good even if it is ugly and bad)*

Lo que pronto madura, no dura *(What ripens quickly does not last long)*

Lo que sale del corazón llega al corazón *(What comes from the heart touches the heart)*

Lo que se ama siempre es hermoso *(That which is loved is always beautiful)*

Lo que se da no se quita *(What is given should not to be taken back)*

Lo que se estrena, siempre alegra *(Wearing something for the first time is always joyful)*

Lo que se ha de pelar, hay que empezar por hervirlo *(What needs to be peeled must be boiled first)*

Lo que se siembra se cosecha *(You reap what you sow)*

Lo que sin tiempo madura, poco dura *(What doesn't take time to ripen, doesn't last long)*

Lo que te han dado, recíbelo con agrado *(Receive with grace what you've been given)*

Lo que tengas bonito y a los hombres les gusta, que te luzca *(Show off what you have that's pretty and pleases men)*

Lo triste no es ir al cementerio si no quedarse *(Going to the cemetery is not sad, but staying there is)*

Lo viejo guarda lo nuevo *(Old things keep new things put away)*

Lo ya juzgado es sagrado *(That which has already passed judgement is sacred)*

Lobo no come lobo *(A wolf doesn't eat a wolf)*

Los acreedores tienen mejor memoria que los deudores *(Those who lend money have a better memory than those who borrow it)*

Los amigos de tus amigos deben ser tus amigos *(Your friends' friends should be your friends)*

Los amigos son parientes que nosotros mismos nos hacemos *(Friends are relatives that we make for ourselves)*

Los amigos van y vienen pero los enemigos se acumulan *(Friends may come and go, but enemies accumulate)*

Los buenos amigos de antaño se recuerdan todo el año *(Good, old friends remember each other all year long)*

Los consejos son más fáciles de dar que de tomar *(It is easier to give advice than to take it)*

Los días son largos pero la vida es corta *(Days are long but life is short)*

Los hombres no dejan de enamorarse cuando envejecen, sino que envejecen cuando dejan de enamorarse *(Men do not stop falling in love when they get old but they get old when they stop falling in love)*

Los hombres sabios aprenden mucho de sus enemigos *(Wise men learn a lot from their enemies)*

Los inteligentes cuentan sus bendiciones, los tontos sus problemas *(Smart people count their blessings, dumb people count their problems)*

Los limosneros no pueden escoger *(Beggars cannot be choosers)*

Los locos y los refranes nos dicen las cosas reales *(Crazy people and proverbs tell us the way things really are)*

Los lunes ni las gallinas ponen *(On Monday not even the chickens lay eggs)*

Los mejores bienes, en tí mismo los tienes *(The best resources are within yourself)*

Los milagros brillan a la luz del amor *(Miracles shine under the light of love)*

Los muertos no hablan *(Dead people do not talk)*

Los niños y los borrachos dicen la verdad *(Children and drunks tell the truth)*

Los ojos dicen que todo lo ven y a sí mismos no se ven *(The eyes say they see everything but they cannot see themselves)*

Los ojos lo curiosean y el corazón lo desea *(What the eyes see, the heart desires)*

Los ojos reflejan el alma *(The eyes reflect the soul)*

Los ojos son los labios del espíritu *(The eyes are the lips of the soul)*

Los pobres te hicieron rico, debes de darles tantico *(If the poor made you rich, share your wealth with them)*

Los pobres tienen más coplas que ollas y más refranes que panes *(The poor have more music than pots and more proverbs than bread)*

Los que no te visitan, no quieren que los visites *(Those who do not visit you do not want you to visit them)*

Los que quieran sentirse jóvenes en su vejéz deben cuidarse como viejos en su juventud *(Those who want to feel young in their old age must take care of themselves as if they were old during their youth)*

Los que quieren cantar siempre encuentran una canción *(Those who wish to sing will always find a song)*

Los que son sabios casi nunca hablan, los que hablan mucho casi nunca son sabios *(Wise men do not speak much; those who speak much are rarely very wise)*

Los reyes gobiernan a los hombres, los sabios gobiernan a los reyes *(Kings govern men, wise men govern kings)*

Los sueños son solamente para hacerse realidad *(Dreams are only to make them themselves come true)*

Los sueños vienen sin que los llamen *(Dreams come without being summoned)*

Los sueños, sueños son *(Dreams are nothing but dreams)*

Los tontos y la mala suerte siempre andan juntos *(Fools and bad luck always run together)*

Los valientes y el buen vino poco duran *(Brave men and good wine do not last long)*

Los viejos dan buenos consejos porque ya no pueden dar malos ejemplos *(Old folks give good advice because they can no longer set bad examples)*

Los viejos hablan mucho del pasado porque tienen más, los jóvenes hablan mucho del futuro porque tienen más *(Old men talk about the past because they have had more experiences in the past; young men talk about the future because they have more of the future ahead of them)*

Luego que tu pan comí, no me acorde de tí *(Once I ate your bread I did not think of you again)*

Mal cazador, buen mentidor *(Bad hunter, good liar)*

Mal comer ayunar viene a ser *(To not eat well is just like fasting)*

Mal compañero es el miedo, que hace del mosquito un caballero *(Fear is a bad companion; it makes a warrior out of a mosquito)*

Mal de muchos, consuelo de tontos *(Tragedy of many, comfort of fools)*

Mal engaña el amo a la moza si a veces con ella retoza *(A master cannot fool his servant if he occasionally fools around with her)*

Mal hace el que no hace bien, y quien hace mal también *(The one who does no good does bad, as does the one who does bad)*

Mal hace quien no hace bien aunque mal no haga *(The one who does no good does bad, even if he doesn't do anything bad)*

Mal labrador el que para abril no aró *(The bad farmer did not plough in April)*

Mal ladra el perro cuando ladra por miedo *(When the dog barks out of fear it does not bark quite right)*

Mal o bien dinero ten *(Good or bad, you should have money)*

Mal piensa el que piensa que otro no piensa *(The one who thinks that others don't think thinks wrongly)*

Mal que se tiene porque se quiere, no duele *(Unpleasantness by choice doesn't hurt)*

Mal sus cuentas echó quien con Dios y con el diablo no contó *(He who did not count on God and the devil did not calculate well)*

Mal te quiere quien siempre te alaba y nunca te reprende *(The one that always praises you and never reprimands you does not love you)*

Mala hierba nunca muere *(Bad weeds never die)*

Mala p'al metate pero buena p'al petate *(Not good for grinding stone but good for the cot)*

Mala tierra a su amo entierra *(Bad land will bury its owner)*

Mala vida pasa quien tiene al enemigo en casa *(It's a bad life to have your enemy in your house)*

Mala y engañosa ciencia es juzgar por la apariencia *(To judge by appearances is bad and a deceptive science)*

Malas tengas y bien te avengas *(Keep your good character in adversity)*

Males y bienes se van y se vienen *(Good and bad come and go)*

Malo el rey, mala la grey *(Bad king, bad flock)*

Malo es callar cuando conviene hablar *(It is bad to keep quiet when one should speak)*

Malo es pasarse y malo no llegar, en un buen medio te debes quedar *(It's bad to go over and bad not to reach, in the middle is where you should stay)*

Maña y saber, para todos es menester *(Skill and knowledge, is necessary for everyone)*

Mañana casi siempre es el día más ocupado de la semana *(Tomorrow is often the busiest day of the week)*

Mañana es la palabra de la malgana *(Tomorrow is the word of a bad attitude)*

Mañana será otro día *(Tomorrow will be another day)*

Mañana, cosa lejana, cuando no cosa vana *(Tomorrow is far away when it's not for something vain)*

Mancha en honra, más pronto se echa que se borra *(Damage to honor is quicker done than erased)*

Manda y haz y buenos criados tendrás *(Give orders as well as do things yourself and you'll have good servants)*

Manda y haz, buen ejemplo darás *(Give orders as well do things yourserlf and you'll set a good example)*

Mande la razón y obedezca la pasión *(Reason should give orders and passion should obey them)*

Mande quien deba y los demás obedezcan *(Let the one who should give orders give them, and the rest obey them)*

Manos callosas, manos honrosas *(Calloused hands, honorable hands)*

Manos ociosas son peligrosas *(Idle hands are dangerous)*

Manos que trabajan, no son manos sino alhajas *(Hands that work are not hands, but rather jewels)*

Mantener un vicio cuesta más que criar dos hijos *(Maintaining a bad habit is more expesnsive than raising two children)*

Marido mal casero, canta en otro gallinero *(A husband who is not happy at home crows in another chicken coop)*

Mártir de su pecado quien por la envidia está esclavizado *(He who is enslaved by envy is a martyr of his own sin)*

Más alimenta un pan casero que el que vende el panadero *(Homemade bread is more nutritious than what the baker sells)*

Más barato estaría el pan si no lo comiera tanto holgazán *(Bread would be cheaper if so many lazy people wouldn't eat it)*

Más barato sale comprarlo que rogarlo *(It's cheaper to buy it than to beg for it)*

Más bien ganamos conversando, que cuando estamos adivinando *(We gain more by talking than by guessing)*

Más blanquea la ropa el sol que el jabón *(The sun whitens laundry better than soap)*

Más calienta la pata de un barón que diez arrobas de carbón *(A man's leg will keep you warmer than ten shovel-fulls of coal)*

Más conocemos a los otros que a nosotros *(We know others better than we know ourselves)*

Más daño suele hacer una plumada que una estocada *(A stroke of the pen can hurt more than a sword)*

Más de cenas que de penas están las sepulturas llenas *(Cemeteries are more full of overeaters than of those who were sick)*

Más en cuenta toma el mundo el parecer que el ser *(The world pays more attention to your appearance than to who you are)*

Más enseña un año de adversidad que diez de universidad *(one year of adversity teach more than ten of university)*

Más hace el que quiere que el que puede y no quiere *(The one who has the will accomplishes more than the one who has the ability but not the will)*

Más hieren malas palabras que espadas afiladas *(Sharp words hurt more than sharp knives)*

Más honran buenos vestidos que buenos apellidos *(Dressing well brings more honor than good last names)*

Más matan las recetas que las escopetas *(Prescriptions kill more people than shotguns)*

Más pronto cae un hablador que un cojo *(A talker falls down quicker than a one-legged man)*

Más pronto cae un hablador si es cojo (*A talker falls down sooner if he has only one leg*)

Más sabe el diablo por viejo que por diablo *(The devil knows more because of old age that because he is the devil)*

Más sabe el loco en su casa que el cuerdo en la ajena *(The crazy person knows more in his own house than the sane in somebody else's house)*

Más vale algo que nada *(Something is better than nothing)*

Más vale amar y verse abandonado, que nunca haber amado *(It is better to have love and find oneself dumped, than to never have loved)*

Más vale aquí corrió que aquí murió *(Better that he ran here than he died here)*

Más vale arrear al burro que cargar la carga *(Better to drive the donkey than to carry the load)*

Más vale atole con amistad que chocolate con rivalidad *(Better to drink cornflower gruel with friends than hot chocolate with enemies)*

Más vale bien casado, que bien acaudalado *(Better to have a good marriage than lots of money)*

Más vale bien quedada que mal casada *(Better to stay single than to have a bad marriage)*

Más vale caer en gracia que ser gracioso *(Better to be liked than to be charming)*

Más vale callar, que mal hablar *(Better to be quiet than to say bad things)*

Más vale chiquito y juguetón que grande y dormilón *(Better to be small and playful than big and a sleepyhead)*

Más vale con el burro batallar, que toda la leña cargar *(Better to struggle with the donkey than to carry all the firewood)*

Más vale doblarse que quebrarse *(Better to bend than to break)*

Más vale estar bien parado que mal sentado *(Better to be standing firm than to be poorly seated)*

Mas vale la ocupación efectiva que la preocupación inactiva *(Better to have an effective occupation than ineffctive worry)*

Más vale malo pero conocido que bueno por conocer *(Better something known to be bad than something good yet to be found)*

Más vale maña que fuerza *(Ability is worth more than strength)*

Más vale mearse de gusto que de susto *(It is better to pee out of happiness than out of fright)*

Más vale medir y remedir que cortar y arrepentir *(Better to measure and re-measure, than to cut and regret)*

Más vale mendigar que robar, pero más vale trabajar que mendigar *(Better to beg than to steal, but better yet to work than to beg)*

Más vale morir parado que vivir arrodillado *(Better to die standing than to live kneeling)*

Mas vale pájaro en mano que padre a los 15 (*Better to play with oneself than to be a father at 15*)

Más vale pájaro en mano, que ver un ciento volando *(A bird in the hand is worth two in the bush)*

Más vale pan con amor que galletas con dolor *(Better to have bread with love than cookies with sorrow)*

Más vale paso que dure y no trote que canse *(Better to keep a slow pace that lasts than a trot that tires)*

Más vale perder un segundo en la vida, que la vida en un segundo *(Better to lose a second of your life than to lose your life in a second)*

Más vale perro sarnoso que perro rabioso *(Better to have an itchy dog than a rabid dog)*

Más vale perro vivo que león muerto *(Better to have a live dog than a dead lion)*

Más vale poca tierra y bien arada que mucha y mal labrada *(Better to have a small, well-tended plot than a poorly-worked large one)*

Más vale poco y bien allegado que mucho y robado *(Better to have little but well-earned, than a lot but stolen)*

Más vale prevenir que amamantar (*Better to prevent than to breast-feed*)

Más vale prevenir que lamentar y después tener que remediar *(Better to prevent than to regret and then to have to remedy the situation)*

Más vale que un dedo se pierda que no la mando entera *(Better to lose a finger than to lose the whole hand)*

Más vale quedar con la gana que estar enfermo mañana *(Better to wish you had more than to be sick the next day)*

Más vale renta que venta *(Better to rent than sell)*

Más vale riqueza de corazón que riqueza de posesión *(Better to have a rich heart than be rich in possessions)*

Más vale rodear que mal andar *(Better to go around than to walk with difficulty)*

Más vale rodear que rodar *(Better to go around than to tumble)*

Más vale salud que dinero *(Health is worth more than money)*

Más vale ser cabeza de ratón que cola de león *(Better to be the head of a mouse than the tail of a lion)*

Más vale ser rico labrador que marqués pobretón *(Better to be a rich farmer than poor royalty)*

Más vale ser un buen pobre que un mal rico *(Better to be a good poor man than a bad rich man)*

Más vale solo que mal acompañado *(Better to be alone than in bad company)*

Más vale suerte que dinero *(Luck is better than money)*

Más vale tarde que nunca *(Better late than never)*

Más vale tener buenos enemigos que malos amigos *(Better to have good enemies than bad friends)*

Más vale tener que dar, que tener que mendigar *(Better to have something to give than to have to beg)*

Más vale tener un ingenio que mucho ingenio *(Better to have a factory than a lot of ingenuity)*

Más vale un "se hará" que diez "quizás" *(Better to have one "it will be done" than ten "perhaps")*

Más vale un mal arreglo que un buen pleito *(Better to have a bad deal than a good fight)*

Más vale una vez colorado que cien descolorido *(Better to be red-faced once than discolored a hundred times)*

Matar dos pájaros de un tiro *(Kill two birds with one stone)*

Matar la cabra para destetar al chivo, es desatino *(Killing the mother goat to wean the baby goat is a blunder)*

Mátate estudiando y serás un cadáver culto (Kill yourself studying and you will be an educated cadaver)

Matrimonio y mortaja, de cielo baja *(Weddings and funerals come form the heavens)*

Matrimonio y mortaja, siempre te raja (*Weddings and funerals always run you down*)

Me extraña que siendo araña no sepas tejer tu red *(It surprises me that, you being a spider, you don't know how to knit your own web)*

Me he de comer esa tuna aunque me espine la mano *(I will eat that cactus fruit even if I get my hand full of thorns)*

Me picaron las abejas pero me comí el panal *(The honeybees stung me but I ate the honey)*

Media vida en la candela, pan y vino la otra media *(Half of one's life in the hot seat, bread and wine the other half)*

Medicina que mejora, no se cambia hasta que se empeora *(Medicine that makes one feel better is not switched until one worsens)*

Medicina que todo cura, locura *(It's crazy to think that one medicine cures all)*

Médico negligente mata mucha gente *(A negligent doctor kills many people)*

Médico sin ciencia, médico sin conciencia *(A doctor without science is a doctor without a conscience)*

Médico, ¡cúrate a tí mismo! *(Doctor, cure yourself!)*

Mejor arte es bien callar que bien hablar *(It is a better practice to be appropriately silent than to speak well)*

Mejor curada está la herida que no se dio que la que bien se curó *(The injury that never happened is better healed than the one that was well treated)*

Mejor es resignarse que lamentarse *(Better to resign oneself than to regret)*

Mejor maestra es la pobreza que la riqueza *(Poverty is a better teacher than affluence)*

Menea la cola el can, pero no por tí, sino por el pan *(The dog wags his tail, but not for you, rather for the food)*

Menos correr y más hacer *(Less running and more doing)*

Menos vive el que más duerme porque el sueño es como la muerte *(The one who sleeps more lives less because sleep is like death)*

Mente sana en cuerpo sano *(Healthy mind in a healthy body)*

Mentira del general, pasa por verdad *(A lie from the general comes off as the truth)*

Mete en tu casa albañiles, sólo si te sobran miles *(Take bricklayers into your home only if you have thousands to spare)*

Meter mecate para sacar listón *(Put in a rope to get a ribbon)*

Meter tu hoz en tierra ajena, maldita faena *(To put your plow in someone else's ground is a hopeless task)*

Mi hijo no se ahoga en un vaso de agua *(My son does not drown in a glass of water)*

Mi hijo no se quema dos veces con el mismo fuego *(My son does not get burned twice by the same fire)*

Miel de abeja, sabe bien y alimenta *(A Bee's honey is sweet and is nutritious)*

Mientras el árbol de ramas, los pajaritos anidan *(As long as the tree grows branches the birds will build nests)*

Mientras gane algo, algo más valgo *(As long as I earn something, I'm worth a little more)*

Mientras haya mortadela yo no como salchichón *(As long as there is good sausage I will not eat hot dogs)*

Mientras más uno se agacha, más el rabo se le ve *(The more one bends over, the more of one's tail is seen)*

Mientras venga y voy vivo estoy *(As long as I come and go I am alive)*

Migajas también son pan y buen alimento dan *(Crumbs are also bread and they provide good nutrition)*

Mis pulgas no brincan en tu petate *(My fleas do not jump in your cot)*

Molinero y no ladrón, sería algo de admiración *(A mill operator who is not a thief would be something worth respecting)*

Mozas y mozos lo que quieren es retozos *(What boys and girls want is to play)*

Mozo rondador no puede ser madrugador *(A boy who goes out at night cannot be up early in the morning)*

Mozo sermonero, o no tiene novia o no tiene dinero *(A boy who talks a lot either has no girl friend or no money)*

Mucha gente se pasa su juventud arruinando su vejez *(Many people live their youth ruining their old age)*

Muchas cocineras echan a perder el caldo *(Many cooks spoil the broth)*

Muchas veces no son las cosas lo que parecen *(Often things are not what they appear to be)*

Mucho ayuda el que no estorba *(The one who stays out of the way helps a lot)*

Mucho beber y andar derecho no es un hecho *(Drinking a lot and walking in a straight line don't go hand in hand)*

Mucho dinero y poca educación, es la peor combinación *(Lots of money and little education is the worst combination)*

Mucho ofrecer y poco dar, juntos suelen andar *(To offer often and give little usually go together)*

Mucho sabe la zorra pero más quien la toma *(The fox knows a lot but the one who traps it knows more)*

Muchos hay en la guerra y pocos en la pelea *(Many in the war but few who fight)*

Muchos que parecen corderos son lobos carniceros *(Many who look like sheep are meat-eating wolves)*

Muchos que viven cantando mueren llorando *(Many who live singing die crying)*

Muchos se ufanan pero pocos se afanan *(Many boast but few work)*

Muerto el perro se acabó la rabia *(When the dog dies so does the rabies)*

Muerto el perro, se acabaron las pulgas *(When the dog dies the fleas are gone)*

Muerto está el ausente y vivo está el presente *(The one who is absent is dead and the one who is present is alive)*

Muertos y ausentes no tienen amigos ni parientes *(The dead and the absent have no friends nor relatives)*

Mujer aburrida, busca su salida *(A woman who is bored looks for a way out)*

Mujer con perro, no la quiero *(I don't want a woman with a dog)*

Mujer enferma, mujer eterna *(A sick women lives forever)*

Mujer graciosa, vale más que hermosa *(A charming lady is better than a pretty one)*

Mujer, noria y molino requieren uso contínuo *(A woman, a ferris wheel and a mill require continuous use)*

Mujeres con voz hombruna, nunca me fié de ninguna *(I never trusted a woman with a manly voice)*

Músico pagado toca mal son *(A musician who has already been paid does not play well)*

Nación dividida, nación destruida *(A divided nation is a defeated nation)*

Nada complicado da buen resultado *(Nothing complicated gives good results)*

Nada cuesta salpicar cuando ya está uno mojado *(It doesn't cost anything to splash if one is already wet)*

Nada es imposible para los que no tienen que hacerlo *(Nothing is impossible for those who don't have to do it)*

Nada hay tan odioso como un envidioso *(There is nothing more despicable than a jelous person)*

Nadie al cielo rico va, todo aquí lo dejará *(No one goes to heaven rich, everything must be left here)*

Nadie de nosotros es tan inteligente como todos nosotros *(None of us is as smart as all of us)*

Nadie sabe el bien que tiene hasta que lo ve perdido *(No one knows how much he has till he loses it)*

Nadie sabe para quien trabaja *(Nobody knows for whom he works)*

Nadie se basta por sí mismo *(Nobody is self-sufficient)*

Nadie se ha muerto deseando haber pasado más horas en la oficina *(No one ever died wishing he had spent more time at the office)*

Nadie se muere la víspera *(No one dies on the eve of his death)*

Nave sin timón, va a la perdición *(A boat without a rudder is on its way to ruin)*

Navegar contra el viento es pérdida de tiempo *(To sail against the wind is a waste of time)*

Necio es quien con necios anda *(He who runs around with fools is a fool)*

Negocio acaba en ocio, pero ocio no acaba en negocio *(Business ends in rest, but rest doesn't end in business)*

Negocio que no deja, se deja *(A business that does not do well should be dropped)*

Nerón tocaba su lira, mientras Roma ardía *(Nero played his guitar while Rome burned)*

Ni absuelves ni condenes si noticias verdaderas no tienes *(Do not absolve or condemn if you don't have the truth)*

Ni da virtud la riqueza ni la quita la pobreza *(Affluence does not provide virtue neither poverty takes it away)*

Ni de hombre sin barbas ni de mujer con ellas *(Neither a man without a beard nor a woman with one)*

Ni de tu alma ni de tu bolsa muestres el fondo a ninguna persona *(Show neither the bottom of your pocket nor the bottom of your soul to anyone)*

Ni en la juventud virtud ni en la vejez salud *(No virtue in youth nor health in old age)*

Ni en la mujer confiar, ni en las olas del mar *(Trust neither a woman nor the waves of the ocean)*

Ni en su propia casa sabe el hombre todo lo que pasa *(Not even in his own home does a man know everything that's going on)*

Ni fianza sin daño, ni casamiento sin engaño *(There is no bail without harm and no marriage without deception)*

Ni fruta sin desperdicio ni hombre sin vicio *(There is no fruit without some waste and no man without a bad habit)*

Ni hermosura sin pero, ni fealdad sin algo bueno *(There is no beauty without fault nor unattractiveness without something good)*

Ni herrero ni molino por vecino *(Neither a blacksmith nor a mill for a neighbor)*

Ni hombre que mire al cielo, ni mujer que mire al suelo *(Neither a man who looks at the sky nor a woman who looks at the ground)*

Ni joven fea ni vieja que no lo sea *(Neither an unattractive young woman nor an old woman who is not)*

Ni la portera se asoma tanto al zaguán *(Not even the gatekeeer looks out of the front porch so often)*

Ni leñador sin hacha, ni mulo sin tacha *(Neither a woodsman without a hatchet nor a mule without fault)*

Ni lo dulce ni lo amargo duran un tiempo largo *(Neither sweetness nor bitterness last long)*

Ni los dedos de la mano son iguales *(Not even the fingers of the hand are the same)*

Ni malas armas ni malas mañas *(Neither bad firearms nor bad habits)*

Ni mandes a quien mandó, ni ames a quien amó *(Do not give orders to the one who has given orders nor love the one who has loved)*

Ni mar sin espumas ni ave sin plumas *(Neither a sea without waves nor bird without feathers)*

Ni mujer junto a varones, ni estopa junto a fogones *(Women should not be near men nor oil-soaked rags near fire)*

Ni pica ni presta el pico *(He does not use his pickaxe nor does he lend it out)*

Ni prestes ni pidas prestado *(Neither lend nor borrow)*

Ni saltes por barranco, ni firmes en blanco *(Neither jump off cliffs nor sign a blank sheet of paper)*

Ni sin hierro el herrero, ni sin banco el carpintero *(Neither the blacksmith without iron nor the carpenter without a workbench)*

Ni sirvas a quien sirvió, ni pidas a quien pidió *(Neither serve the one who has served, nor ask anything from the one who has already asked)*

Ni tan corto que no alcance, ni tan largo que se pase *(Neither so short that it doesn't reach, nor so long that it goes too far)*

Ni tanto que queme al Santo, ni tanto que no le alumbre *(Light the candle so that the Saint gets light but doesn't get burned)*

Ni todo lo natural es bueno ni todo lo bueno es natural *(Not all natural things are good nor are all good things natural)*

Ni todos los que tienen libros son lectores, ni todos los que tienen escopeta cazadores *(Not everyone who has books is a reader, nor are all those who have shotguns hunters)*

Ni uno de cada ciento de su suerte está contento *(Not even one out of every hundred is happy with their luck)*

Ni vendas a tu amigo ni compres a tu enemigo *(Neither sell to your friend nor buy from your enemy)*

Ningún ladrón quiere ser robado *(No thief wants to be robbed)*

Ningún loco rompe a pedradas sus tejas sino las ajenas *(No crazy man damages his own roof by throwing stones at it , rather he throws stones at someone else's roof)*

Ninguno ganó gran fama dándole las doce en la cama *(No one gained great fame by still being in bed at noon)*

Ninguno sabe el mal de la cazuela sino la cuchara que la menea *(No one knows the pot except the spoon that stirs it)*

Ninguno se cae con los pies de otro, sino con los suyos propios *(No one falls with someone else's feet but rather with his own)*

Ninguno se ha enlodado hasta que esté listo para ser enterrado *(No one has covered himself with mud until he was ready to be buried)*

Niños y gente loca, la verdad en la boca *(Children and crazy people tell the truth)*

No a pocos el amor ha vuelto locos *(Love has made many go crazy)*

No a todas las mejillas les asienta bien la toquilla *(A veil does not suit every cheek well)*

No al sol poniente sino al naciente adora la gente *(People do not adore the setting sun, but rather the rising sun)*

No alabes ni desalabes hasta después de siete navidades *(Neither praise nor criticize until seven Christmases have passed)*

No alumbremos tanto que quemaremos el santo *(Let's not shine so bright that we'll burn the saint)*

No amengua el daño por ser llorado por muchos *(The damage is not less if many cry)*

No añadas años a la vida sin añadir vida a los años *(Do not add years your life without adding life to your years)*

No basta ser bueno, hay que parecerlo *(It is not enough to be good; you must also appear to be good)*

No comprará barato quien no regatea un rato *(You will not buy cheap if you do not bargain for a while)*

No creas en el hombre que esté "¡ay, ay!" y comiéndose todo lo que hay *(Do not trust a man who complains "ay, ay" but eats everything there is)*

No críes un hijo ajeno porque será tu veneno *(Do not raise another's child because it will be your poison)*

No cuentes dinero delante de los pobres *(Do not count money in front of the poor)*

No cuentes los pollitos antes de que salgan de los huevos *(Do not count your chicks until they hatch)*

No de tanto madrugar amanece más temprano *(Getting up early often will not make the sun rise any earlier)*

No dejes al zorro cuidando a las gallinas *(Do not leave the fox in charge of the hens)*

No dejes lo viejo por lo nuevo sin estar seguro de lo nuevo *(Do not leave the old for the new until you are sure of the new)*

No dejes para mañana lo que puedas hacer hoy *(Do not leave for tomorrow what you can do today)*

No dejes para mañana, lo que puedas hacer pasado mañana! *(Do not leave for tomorrow what you can do the day after tomorrow!)*

No dejes que tus asuntos se hagan cuesta arriba *(Do not let your affairs be a burden)*

No dejes solas a las gallinas en medio de los zorros *(Do not leave the hens alone among the fox)*

No des al jugador que jugar ni al gastador que gastar *(Do not give the gambler anything to gamble nor the spender anything to spend)*

No des ni un dedo al villano, que se tomará la mano *(Do not give even a finger to the villain because he will take your hand)*

No desnudes a un santo para vestir a otro *(Do not undress one saint to dress another)*

No desprecies a quien poco es, que algún día mucho podrá ser *(Do not look down on an unimportant person because some day he may become important)*

No digas de esta agua no he de beber porque en ella te ahogas *(Do not say I will not drink this water because you will drown in it)*

No digas en secreto lo que no quieras oir en público *(Do not tell in secret what you do not want to hear in public)*

No digas quien es tu padre sin que lo afirme tu madre *(Don't say who your father is without your mother confirming it)*

No diré que muy seguido pero sí de vez en cuando *(I wouldn't say yes but once in a while)*

No discutas sin saber, ni firmes sin leer *(Do not argue without knowing and do not sign without reading)*

No dormir mucho por haber sestado, no es mal de cuidado *(Not sleeping a lot because of having taken a nap is not careless)*

No duerma bajo tu techo el que sólo es amigo de su provecho *(Don't let those who are only friends of your good fortune sleep under your roof)*

No es amistad la que siempre pide y nunca da *(Asking for things and not giving is not friendship)*

No es bueno el que cree malos a los demás *(The one who thinks others are bad is not good himself)*

No es bueno primero bañarlos y luego dañarlos *(It's not good to give them a bath and then hurt them)*

No es compadre de veras si le anda a la comadre en las caderas *(He's not a real friend, he who chases your wife's hips)*

No es dichoso el que lo parece, sino el que en sí se siente *(The happy one is not the one who appears happy, but rather the one who feels happy)*

No es donde naces sino donde la pases *(It's not where you're born, but rather where you pass the time)*

No es el león como lo pintan *(The lion is not the way they describe him)*

No es el triunfo el que crea al gran hombre, es el gran hombre el que crea al triunfo *(Success does not create a great man, rather a great man creates success)*

No es fácil ganar, pero es más difícil conservar *(It is not easy to earn money but it is harder to save it)*

No es fácil para un rico vivir entre pobres *(It is not easy for a rich man to live among the poor)*

No es francesa al cocinar pero al besar a todas suele ganar *(When it comes to cooking she is no French woman, but when it comes to kissing she usually wins them all)*

No es hombre prudente el que nada contra la corriente *(A prudent man does not swim against the current)*

No es lo mismo cacarear que poner un huevo *(It is not the same to crow as to lay an egg)*

No es lo mismo oir 'vienen los porfiristas' que verlos venir *(It is not the same thing to hear "here comes the army" than to see them coming)*

No es mal sastre el que conoce el paño *(The tailor who knows his fabric is not a bad tailor)*

No es más limpio el que más limpia sino el que menos ensucia *(The one who is cleanest is not the one who cleans the most but rather the one who gets the least dirty)*

No es que el valiente no tenga miedo, es que sabe disimularlo *(It is not that the brave man has no fear, but rather that he can hide it)*

No están todos los que son ni son todos lo que están *(Not everyone who is is here, and not everyone who is here is)*

No exprimas tanto la naranja porque el zumo amarga *(Do not squeeze the orange so hard because it makes the juice bitter)*

No falta el que se va ni sobra el que viene *(The one who leaves is never lacking and the one who comes is never a lot)*

No hagas cosas buenas que parezcan malas *(Do not do good things that appear to be bad)*

No hagas de día lo que te quite el sueño de noche *(Do not do in the daytime what which will not let you sleep at night)*

No hay adverso sin reverso *(There is no adversity without its reverse)*

No hay atajo sin su trabajo *(There is no short cut without some work)*

No hay burla tan leve que aguijón no lleve *(There is no mockery that doesn't carry a sting)*

No hay camino más seguro que en el que acaban de asaltar *(There is no safer road than the one where a robbery recently took place)*

No hay carga más pesada que una mujer liviana *(There is no heavier load than that of a frivolous woman)*

No hay elevador para subir al triunfo, hay que usar las escaleras *(There is no elevator to success; one must take the stairs)*

No hay enemigo tan pequeño que se pueda ignorar *(There is no enemy small enough to be disregarded)*

No hay fiera tan furiosa como la mujer celosa *(There is no beast more furious than a jealous woman)*

No hay loco que coma lumbre *(There is no crazy man who would eat fire)*

No hay lugar como el hogar *(There is no place like home)*

No hay mal que dure cien años, ni enfermo que lo padezca *(There is no sickness that lasts a hundred years and no patient who will endure it)*

No hay mal que por bien no venga *(There is no adversity that doesn't happen for a good reason)*

No hay más ciego que el que no quiere ver *(There is no blinder person than the person who doesn't want to see)*

No hay más mentiroso que el cazador o el pescador *(There is no worse liar than the hunter or fisherman)*

No hay más mudo que el que no quiere hablar *(There is no one more mute than the person who doesn't want to speak)*

No hay más sordo que el que no quiere oir *(There is no one more deaf than the person who doesn't want to hear)*

No hay mejor astilla que la de la misma madera *(There is no better splinter than that which comes from the same wood)*

No hay mejor parche que el del mismo paño *(There is no better patch than that made out of the same fabric)*

No hay mejor salsa que el hambre *(There is no better sauce than hunger)*

No hay miel sin hiel *(There is no honey without bitterness)*

No hay milpa sin huitlacoche *(There is no cornfield without some corn with mushrooms, as good as a person or situation may seem to be, it has its faults.)*

No hay moros en la costa *(There are no moors on the coast)*

No hay nada imposible para los que no lo tienen que hacer *(There is nothing impossible for those who don't have to do it)*

No hay nada nuevo bajo el sol *(There is nothing new under the sun)*

No hay necesidad de enseñar al gato a arañar *(There is no need to teach the cat how to scratch)*

No hay noche que dure más de lo debido *(There is no night that lasts longer than it should)*

No hay peor ciego que el que no quiere ver *(There is no blind man worse than than the person who doesn't want to see)*

No hay peor lucha que la que no se hace *(There is no fight worse than the one that is not started)*

No hay peor sordo que el que no quiere oír *(There is no one more deaf than the person who doesn't want to hear)*

No hay peor tonto que el que se hace *(There is no one dumber than the person who acts dumb)*

No hay peor tonto que un viejo tonto *(There is no one more foolish than an old fool)*

No hay placer tan regalado como verse vengado *(There is no pleasure more rewarding than to see oneself vindicated)*

No hay que dar para recibir *(It is not necessary to give in order to receive)*

No hay que decir groserías para ser grosero *(One need not say impolite things in order to be rude)*

No hay que matar pulgas a balazos *(There is no need to kill flees with bullets)*

No hay que pedirle peras al olmo *(One need not ask for pears from the elm tree)*

No hay que querer que se terminen los ricos, sino que no haya pobres *(One need not wish to eliminate all the rich people, but rather that there be no more poor people)*

No hay que ser genio para encontrar un chivo entre los borregos *(One need not be a genius to find a goat among the sheep)*

No hay regla sin excepción *(There is no rule without an exception)*

No hay ser con más fuerza que el que obra con honradez *(There is no being stronger than the one who acts with honesty)*

No hieras a la mujer ni con el pétalo de una rosa *(Do not harm a woman even with a rose petal)*

No importa cuánto vale un huevo si las gallinas no ponen *(The price of an egg is irrelevant if the hens are not laying)*

No importa el tamaño del mar sino el movimiento de las olas *(The size of the sea is not important, but rather the movement of the waves)*

No insultes a los cocodrilos hasta haber cruzado el río *(Don't insult the alligators until after you've crossed the river)*

No le digas tus secretos ni a las personas más discretas *(Don't tell your secrets even to the most discrete person)*

No le puede ganar la gallina al zorro *(The hen cannot beat the fox)*

No le puedes enseñar el camino de la selva a un gorila viejo *(You can't teach an old gorilla the jungle path)*

No le puedes enseñar trucos nuevos a un perro viejo *(You can't teach new tricks to an old dog)*

No luches con la montaña, deja que sea ella que paso a paso te lleve a la cima *(Don't fight the mountain, let it take you step by step to the top)*

No más les dicen 'mi amor' y ya quieren su casita aparte *(As soon as someone says "my love", they want their own little house)*

No me aconsejes, yo me equivoco solo *(Don't give me advice, I make my own mistakes)*

No me suene el maíz que no soy gallina *(Don't rattle the corn to me, I am not a hen)*

No metas tu cuchara en sopa ajena *(Don't put your spoon in someone else's soup)*

No niega la cruz de su parroquia *(He doesn't deny the cross of his parish)*

No pagues rencor con rencor porque engendras más rencor *(Don't pay animosity with animosity because all you do is create more animosity)*

No pidas ni amor al mundo ni piedad al cielo *(Don't ask love from the world nor clemency from the heavens)*

No podemos evitar que la sombra de nuestra tristeza sobrevuele nuestra cabeza, pero no debemos permitir que anide en nuestros cabellos *(We can't prevent the shadow of our sadness from flying over our heads, but we shouldn't let it nest in our hair)*

No podemos ser más papistas que el Papa *(We can't be more Pope-like than the Pope)*

No presumas que la virgen te habla si no te voltea a ver *(Don't boast that the Virgin is talking to you if she has not turned to look at you)*

No puede ser el cuervo más negro que sus propias alas *(The crow cannot be more black than his own wings)*

No puedes adelantar mientras te estés vengando *(You can't get ahead while getting even)*

No quería mi tía María y hasta el plato se lamía *(My aunt Mary did not want to eat and she even licked the plate)*

No quieras vivir muchos años sino vivir muchos años pero bien *(Don't wish to live many years, but rather live many years well)*

No sabe tanto el diablo por diablo sino por viejo *(The devil does not know so much because he is the devil but because he is old)*

No sabemos apreciar el agua hasta que se seca el pozo *(We don't know how to appreciate the water until the well is dry)*

No se acuerda el cura de cuando fue sacristán *(The priest does not remember when he was a deacon)*

No se hizo la miel para el hocico del puerco *(Honey was not made for the mouth of pigs)*

No se hizo Roma en un solo día *(Rome was not made in a day)*

No se puede chiflar y comer pinole al mismo tiempo *(One cannot whistle and eat at the same time)*

No se puede saber que tan lejos brinca un sapo nada más por verlo *(One cannot tell how far the frog jumps just by looking at it)*

No se puede soplar y chupar al mismo tiempo *(One cannot blow and suck at the same time)*

No se puede tapar el sol con un dedo *(One cannot cover the sun with one finger)*

No se puede unir el agua con el aceite *(Water and oil can't mix)*

No se puede, al mismo tiempo, oír misa y andar en la procesión *(One cannot hear Mass and walk in the procession at the same time)*

No se siente tanto lo duro como lo tupido *(One doesn't feel what is hard as much as what is dense)*

No siento que mi niño se enfermó, sino lo mañoso que quedó *(I don't regret that my son got sick, but rather how fussy he has become)*

No sólo de pan vive el hombre *(Man does not live off bread alone)*

No sufras calentura de otro *(Do not suffer because of another's fever)*

No te acerques a un toro por delante ni a un caballo por atrás ni a un tonto por ningún lado *(Do not approach a bull from the front, or a horse from the back or a fool from any direction)*

No te acuclilles con las espuelas puestas *(Don't squat with your spurs on)*

No te arrugues caballito que es el último jalón *(Don't give up a little horse, this is the last run)*

No te confíes ni de cojera de perro ni de lágrimas de mujer *(Don't trust a dog's limp nor a woman's tears)*

No te desilusiones chile jalapeño que con un poco de humo y tiempo te conviertes en chile chipotle *(Don't lose hope jalapeño pepper, with a little smoke and time you'll become a chipotle pepper)*

No te metas donde no te llaman *(Don't go where you are not called)*

No te olvides chile chipotle que naciste jalapeño *(Don't forget chipotle pepper, that you were born a jalapeño)*

No te pongas a las patadas con Sansón *(Don't fight Samson)*

No te quejes porque tienes que ir a trabajar, alégrate de que tienes un trabajo *(Don't complain that you have to go to work, rejoice that you have a job)*

No te rompas reata vieja que es el último jalón *(Old rope, please don't break, this is the last pull)*

No te tomes la vida en serio, al fin y al cabo no saldrás vivo de ella *(Do not take life seriously, in the end you wont' come out of it alive)*

No tengo ni padre ni madre ni perrito que me ladre *(I have no father nor mother nor little dog to bark at me)*

No tiene culpa el diablo, sino el que lo hace compadre *(The devil is not at fault, but rather the one who befriends him)*

No tiene culpa el indio, sino el que lo hace compadre *(The Indian is not at fault, but rather the one who befriends him)*

No tires la cubeta vieja hasta que veas que la nueva no está agujereada *(Don't get rid of the old bucket until you know the new one has no holes)*

No todo el monte es cilantro *(The whole hill is not full of cilantro)*

No todo el que monta es caballero *(Not everyone who mounts a horse is a gentleman)*

No todo lo grande es bueno ni todo lo bueno es grande *(Not everything big is good nor is everything big good)*

No todo lo que relumbra es oro *(Not everything that shines is gold)*

No todos los caídos son vencidos *(Not everyone who falls is defeated)*

No todos los groseros dicen groserías *(Not every one who is impolite uses vulgar language)*

No todos los ricos son ladrones ni todos los pobres honrados *(Not all rich men are thieves nor are all poor people honest)*

No tomes ni chocolate recalentado ni amor parchado *(Don't drink reheated hot chocolate nor accept mended love)*

No trates de conquistar el espacio exterior sin haber conquistado el espacio interior *(Do not try to master the exterior space without having mastered the interior space)*

No trates de correr sin saber caminar *(Don't try to run without knowing how to walk)*

No trates de ser abuelo sin haber sido padre *(Don't try to be a grandfather without having been a father)*

No tropieces dos veces con la misma piedra *(Don't trip twice on the same stone)*

No vale tianguis tuve, si no tianguis tengo *(To have had doesn't count, only what you have now counts)*

No vengo a ver si puedo sino porque puedo vengo *(I am not here to see if I can come, I am here because I am able to come)*

Nobleza ganada vale mucho más que la heredada *(Nobility that is earned is worth more than nobility that is inherited)*

Nobleza obliga y agradecimiento liga *(Nobility obligates gratitude connects)*

Nosotros somos tan felices como queremos serlo *(We are as happy as we want to be)*

Nudo que no se pueda desatar hay que cortar *(A knot that can't be untied must be cut)*

Nunca digas de esta agua no he de beber porque en ella te ahogas *(Never say I will not drink from this water because you will drown in it)*

Nunca digas está lloviendo hasta sentir el agua *(Never say it is raining until you feel the rain)*

Nunca digas que te quieren aunque te estén adorando que muchos con el pie en el estribo se han quedado colgando no diré que muy seguido pero sí de vez en cuando *(Never say you are loved even if you are adored because many have been left with their foot hanging in the stirrup, I won't say all the time but rather from time to time)*

Nunca es tarde si la dicha es buena *(It's never too late if the blessing is good)*

Nunca es tarde si la dicha es grande *(It's never too late if the blessing is great)*

Nunca falta un roto para un descosido *(There never lacks a rip for a tear)*

Nunca hay que hablar de más *(One must never speak too much)*

Nunca le creas a un hombre que tenga la barba de un color y el pelo de otro color *(Never believe a man who has a beard in one color and his hair in another)*

Nunca le preguntes a un peluquero que si necesitas un corte de pelo *(Never ask a barber if he thinks you need a haircut)*

Nunca le preguntes al barbero si necesitas rasurarte *(Never ask a barber if you need a shave)*

Nunca le preguntes al panadero que si es bueno comer más pan *(Never ask a baker if it's good to eat more bread)*

Nunca llueve a gusto de todos *(It never rains to everyone's pleasure)*

Nunca pelées con un puerco porque los dos se enlodan pero al puerco le gusta *(Never wrestle with a pig because you'll both get covered in mud but the pig likes it)*

Nunca pica la abeja a quien en paz la deja *(Bees don't sting those who leave them in peace)*

Nunca pierdas la oportunidad de quedarte callado *(Never miss the opportunity to remain quiet)*

Nunca se puede nadar en el mismo río dos veces *(It's impossible to swim twice in the same river)*

Nunca trates de ser más terco que tu mamá *(Never try to be more stubborn than your mother)*

O lo empezado acabar o nunca haber empezado *(Either finish what you started or never have started it)*

O todos coludos o todos rabones o todos pelones *(Either all with long tails, or all with short tailes, or all bald)*

Ojo por ojo y diente por diente *(Eye for an eye and tooth for a tooth)*

Ojos que no ven, ¡pies que pisan caca! (*Eyes that don't see..feet that step on poop!)*

Ojos que no ven, corazón que no siente *(Eyes that don't see, heart that doesn't feel)*

Ojos que no ven... zapatos llenos de caca (*Eyes that don't see....shoes full of poop*)

Olla que demasiado hierve, sabor pierde *(The pot that boils too long loses its flavor)*

Orden y contraorden causan desorden *(Order and counter order create disorder)*

Padre mercader, hijo caballero y nieto limosnero *(Merchant father, gentleman son, beggar grandson)*

Paga lo que debes para saber lo que tienes *(Pay what you owe to know how much you have)*

Pagan justos por pecadores *(The just pay for the sinners)*

Palabra y piedra suelta, tienen vuelta *(Loose words and loose stones return to us)*

Palo dado ni Dios lo quita *(Punishment received can't even be done away with by God)*

Palo dado, ¡Adiós loquita! (*After the lovemaking, goodbye nutty little girl!*)

Pan en boca de horno, se quema *(Bread at the mouth of the oven burns)*

Para buen hambre no hay mal pan *(There is no bad bread for real hunger)*

Para comer y rascar lo difícil es empezar *(The difficult part of eating or scratching is getting started)*

Para comportarte usa la cabeza, para que otros se comporten usa el corazón *(Use your head for your own behavior, for others to behave use your heart)*

Para dar y tener, ceso es menester *(One must have brains in order to have and give)*

Para descubrir no hay que ver tierras nuevas sino hay que ver la tierra con ojos nuevos *(In order to discover, one need not see new lands, but rather one must see the land with new eyes)*

Para dirigir la orquesta hay que darle la espalda a la gente *(To conduct the orchestra you must turn your back to the people)*

Para el amor y la muerte no caso ni cosa fuerte *(There is nothing strong enough against love or death)*

Para el que vende paragüias el día que llueve es el mejor *(For those who sell umbrellas, a rainy day is the best day)*

Para las buenas noticias todo el año es Navidad *(For good news, all year is Christmas)*

Para los toros de San Juan, los caballos de allá mismo *(To fight the bulls from San Juan, use horses from the same place)*

Para luego es tarde *(It's too late for later)*

Para mentir o comer pescado, hay que hacerlo con cuidado *(Lying and eating fish must be done with care)*

Para muestra basta un botón *(A button is enough of a sample)*

¿Para qué andar por las ramas si se puede llegar al tronco? *(Why walk around the branches if you can get to the trunk?)*

Para que crezca el apetito, hay que retrasar la comida *(For the appetite to grow, the meal must be served later)*

Para que el lodo no salpique hay que pisarlo con cuidado *(In order not for it to not be splashed on you, mud must be stepped on carefully)*

Para que la cuña apriete, ha de ser del mismo palo *(For the wedge to be tight it must be from the same wood)*

¿Por qué le buscas tres pies al gato sabiendo que tiene cuatro? *(Why look for three legs on the cat if you know it has four?)*

Para saber mandar hay que saber obedecer *(To know how to give orders one must know how to obey)*

Para ser justo hasta con el diablo *(Be fair even with the devil)*

¿Para qué tantos brincos si está parejo el llano? *(Why jump so much if the road is smooth?)*

Para tonto no se estudia *(One doesn't study to be dumb)*

Para triunfar hay que pasar más tiempo en la lucha que en la ducha *(In order to succeed, one must spend more time in the struggle than in the shower)*

Para triunfar hay que tomar al toro por los cuernos *(To be successful you must take the bull by the horns)*

Para un viaje corto, cualquier burro es bueno *(For a short trip any donkey is good)*

Pasar como sobre las brasas *(To touch upon superficially)*

Pasos para atrás, ni para coger impulso *(Don't take steps back even to gain momentum)*

Pecado callado, está casi perdonado *(A sin that is kept quiet is almost forgiven)*

Pecar es humano, perdonar es divino *(To sin is human, to forgive is divine)*

Perdonar es de gran valor y no cuesta nada *(Forgiveness is of great value, yet it costs nothing)*

Perdonar las ofensas, es la más noble de las venganzas *(To forgive offenses is the most noble of all revenges)*

Perro que come huevo, aunque le quemen el hocico *(If a dog eats eggs, he'll do so even if it burns his snout)*

Perro que ladra no muerde *(A dog that barks doesn't bite)*

Perro que se traga un hueso, en su gañote confía *(A dog that swallows a bone trusts his own throat)*

Pidiendo nada se pierde *(Nothing is lost by asking)*

Piensa antes de hablar y no hables antes de pensar *(Think before you talk and don't talk before you think)*

Piensa el ladrón que todos son de su condición *(The thief thinks everyone is like himself)*

Piensa el tonto que él lo sabe todo *(The dumb person thinks he knows everything)*

Pistola, caballo, y mujer tener bien o no tener *(Have a good gun, horse and wife or none at all)*

Pobre del de Cempoala, cuando no se cae se resbala *(Poor guy of Cempoala, if he does not fall he slips)*

Pobreza no es deshonra *(Poverty is no shame)*

Pobreza no es vileza, pero por ahí empieza *(Poverty is not evil, but it begins there)*

Poco se gana al hilar pero menos al holgar *(Knitting earns little, but goofing off earns less)*

Pocos pelos pero bien peinados *(Few hairs, but well combed)*

Poderoso caballero es don dinero *(Money makes the world go round)*

Por defender un error, se cae en otro mayor *(By defending an error, one falls into a bigger one)*

Por el buen camino se llage al destino *(By the right path one reaches the goal)*

Por el olor se reconoce el petate *(You can tell the bed by the smell)*

Por eso los hacen pandos, por montarlos jóvenes *(That's how they get curved backs, by riding them while they're young)*

Por la calle de 'ya voy' se llega a la casa de 'nunca' *(Along "I'm coming" street you reach "never" house)*

Por lo que hoy tiras, mañana suspiras *(You will sigh tomorrow for what you throw away today)*

Por los ojos entran los antojos *(Desire enters throught the eyes)*

Por un clavo se pierde la herradura *(The horseshoe is lost because of one nail)*

Por una cosa inútil y vana no eches la casa por la ventana *(Don't throw the house out the window for something useless and vain)*

Por ver no se paga *(One need not pay to look)*

Preferible combatir a un ejército de leones comandado por un cordero, que a un ejército de corderos comandado por un león *(It is preferable to fight an army of lions commanded by a sheep, than an army of sheep commanded by a lion)*

Preguntando se llega a Roma *(Asking questions one gets to Rome)*

Pretextos quiere la muerte para pegarte fuerte *(Death only wants an excuse to hit you hard)*

Primero el retozo y luego el mocoso *(First the tumble then the kid)*

Primero los bañan y luego los desmayan *(First they bathe them then they knock them out)*

Primero mis dientes y luego mis parientes *(First my own teeth and later my relatives')*

Primero son mis dientes que mis parientes *(First are my teeth than my relatives')*

Pueblo chico, infierno grande *(Small town, big hell)*

Puede el diablo tentar, más no obligar *(The devil can tempt you but not obligate you)*

Que abra el paraguas el que sienta la lluvia *(Let the one who feels the rain open his umbrella)*

Qué bonito es ver llover y no mojarse *(How nice it is to watch it rain and not get wet)*

Que coman pero que no se amontonen *(Let them eat but not crowd together)*

Que el ocio no quede impune; quien no trabaje, que ayune *(Let laziness not go unpunished; he who doesn't work should fast)*

Que me lleve el diablo, pero bien montado *(Let the devil take me away, but in proper vehicle)*

¿Qué sabe el pez del agua? *(What does a fish know about water?)*

Que se ponga el saco, a quien le venga *(Let the one who fits in it wear the jacket)*

Que se salven con culpa ciento veinte, pero nunca condenar a un inocente *(Let 120 guilty people go free, but never condemn an innocent man)*

Quebrado y roto, cerca está el uno del otro *(Cracked and broken, one is close to the other)*

Quéjese de la muela, aquel que le duela *(The one with the toothache is the one who should complain)*

Querer es poder *(Desire is power)*

Quien a feo ama, hermoso le parece *(She who loves an ugly man thinks he is handsome)*

Quien a muchas fiestas lleva a su mujer, deshonesta la quiere hacer *(He who takes his wife to many parties wants her to be dishonest)*

Quien a otro quiere juzgar, por si debe comenzar *(He who wants to judge others should begin by judging himself)*

Quien acepta un presente, su libertad compromete *(He who accepts a gift compromises his liberty)*

Quien al escoger mucho titubea, lo peor se lleva *(He who vacillates when making a choice ends up with the worst)*

Quien al molino va, enharinado saldrá *(He who goes to the mill will come out covered in flour)*

Quien algo te da, algo te pedirá *(He who gives you something will ask you for something)*

Quien anda con buenos, parece uno de ellos *(He who runs around with good people appears to be one of them)*

Quien bien atiende bien aprende, si además de oir entiende *(He who pays good attention learns well if he understands as well as listens)*

Quien bien quiere a Beltrán, bien quiere a su can *(Whoever loves Beltrán also loves his dog)*

Quien bien recibe y mal corresponde, no es buen hombre *(He who receives glady but responds poorly is not a good man)*

Quien bien tiene y mal escoge, que no se enoje *(He who has it good and chooses poorly should not get angry)*

Quien busca encuentra *(He who looks, one finds)*

Quien canta, su mal espanta *(He who sings scares off all his worries)*

Quien comiendo canta, no está loco pero poco le falta *(He who eats and sings, is not crazy but is close to being so)*

Quien con toreros anda a torear se enseña *(He who spends time with bullfighters is taught to fight bulls)*

Quien da lo suyo antes de morir, caro compra el arrepentir *(He who gives away his belongings before he dies has an expensive change-of-mind)*

Quien da y quita lo dado, es villano desalmado *(He who gives and takes back is a soulless villain)*

Quien de ajeno se viste, en la calle lo desnudan *(He who wears another man's clothes is disrobed in the street)*

Quien de la taberna va y viene, dos casas mantiene *(He who comes and goes to the tavern supports two households)*

Quien de otro se fía, ya llorará algún día *(He who trusts everyone, will cry some day)*

Quien de potro no corrió, de caballo sólo galopea *(If it did not run as a colt it will only trot as a horse)*

Quien de servilleta pasa a mantel, Dios nos libre de él *(God save us from he who goes from napkin to tablecloth)*

Quien de su casa se aleja, no la encuentra como la deja *(He who is far away from his home does not find it the way he left it)*

Quien de su honra no cura, muerto está sin sepultura *(He who does not have his honor restored is dead without a grave)*

Quien debe y paga, no debe nada *(He who borrows and pays owes nothing)*

Quien dejó abierta su arca, no se queje de lo que le falta *(He who leaves his chest open should not complain about what's missing)*

Quien del alacrán fue picado, aun de su sombra vive espantado *(He who has been stung by a scorpion lives afraid of even its shadow)*

Quien desea aprender pronto llegará a saber *(He who wishes to learn will soon have knowledge)*

Quien destruye su colmena no espere cosa buena *(He who destroys his beehive should not expect anything good)*

Quien destruye un hormiguero no es hombre bueno *(He who destroys an anthill is not a good man)*

Quien es ruin de su aldea, será ruin dondequiera *(He who is wicked in his hometown will be wicked everywhere)*

Quien está ausente todos los males siente *(He who is away from home suffers from everything)*

Quien fue a la villa perdió su silla (quien fue y regresó a patadas lo quitó) *(He who went to the village, lost his chair (He who went and returned took it back kicking))*

Quien hace reir a sus amigos merece el paraíso *(He who makes his friends laugh deserves paradise)*

Quien le da buenas lecciones a su hijo, se las da a su nieto *(He who gives good lesson to his son gives them to his grandson)*

Quien lo hizo una vez, lo hará diez *(He who has done something once will do it ten times)*

Quien mal anda, mal acaba *(He who does badly ends up bad)*

Quien maneja como el diablo pronto lo visitará *(He who drives like the devil will soon visit him)*

Quien mucho madruga, poco dura *(He who frequently gets up early will not last long)*

Quien mucho se excusa, de pecador se acusa *(He who apologizes too much is accused of being a sinner)*

Quien mucho tiene, mucho quiere *(He who has much desires much)*

Quien nada debe, nada teme *(He who owes nothing fears nothing)*

Quien no comprende una mirada, tampoco entiende largas explicaciones *(He who does not understand a glance will not understand a long explanation either)*

Quien no toma buenos consejos, no llega a viejo *(He who does not take good advice will not make it to old age)*

Quien no venda que quite la tienda *(He who isn't selling should take down the store)*

Quien nunca tuvo apuro no sabe lo que vale un duro *(He who was never in trouble does not know the value of money)*

Quien nunca vio ni quiso ver al rey, ése es el rey *(He who never saw nor wanted to see the king, that one is the king)*

Quien oye trueno, no debe temerle al rayo *(He who hears thunder should not be afraid of the lightening)*

Quien piensa que el problema tiene solución, empieza a resolverlo *(He who believes that the problem has a solution has started to solve it)*

Quien pregunta lo que no debe, le responden lo que no quiere *(He who asks what he shouldn't gets an answer he doesn't want)*

Quien prende su vela de día no tendrá con que alumbrarse de noche *(He who lights his candle by day has nothing by which to illuminate the night)*

Quien prestó no cobró, y si cobró mal enemigo se echó *(He who lent did not collect his debt, and if he collected, he made a bad enemy)*

Quien prestó, presto se arrepintió *(He who made a loan quickly regretted it)*

Quien quiere a la doncella, por ella atropella *(Who who loves the girl, will run over anything for her)*

Quien sabe ceder, sabe vencer *(He who knows how to give in knows how to win)*

Quien sabe esperar, llega a triunfar *(He who knows how to wait reaches success)*

Quien sabe más, duda más *(He who knows more doubts more)*

Quien se alegra del mal del vecino, el suyo le viene de camino *(He who is glad about his neighbor's problems has his own on the way)*

Quien se cae, del suelo no pasa *(He who falls does not go past the ground)*

Quien se casa con una fea lleva su idea *(He who marries an ugly girl has his idea)*

Quien se casa por dinero, se vende por entero *(He who marries for money sells himself completely)*

Quien se cree de más saber, más tiene que aprender *(He who thinks he knows a lot has a lot more to learn)*

Quien se enoja no negocia *(He who gets angry doesn't negotiate)*

Quien se excusa, se acusa *(He who apologizes accuses himself)*

Quien se mete en lo que no tiene que ver, el diablo se ríe de él *(He who gets involved in what is of no concern to him is laughed at by the devil)*

Quien se para a pensar, no quiere fallar *(He who stops to think does not want to fail)*

Quien se viste de mal paño, más de un vestido gasta al año *(He who dresses in low-quality clothes uses more than one outfit a year)*

Quien siembra bondad tiene una cosecha perpetua *(He who plants kindness has a perpetual harvest)*

Quien siempre hace lo que quiere, no siempre hace lo que debe *(He who always does as he wants doesn't always do what he should)*

Quien sirve a dos amos, con uno queda mal *(He who serves two bosses, ends up on bad terms with one of them)*

Quien sirve al amo, tal será el pago como el amo *(The pay will be commensurate with the master for he who serves his master)*

Quien sólo quiere ser, nadie hace caso de él *(No one pays attention to he who wants to be alone)*

Quien solo vive solo muere *(He who lives alone dies alone)*

Quien tarde viniere, que coma lo que trajere *(He who arrives late should eat whatever he brings)*

Quien te cuenta las faltas de otros, las tuyas tiene al ojo *(He who tells you about the faults of others has noticed yours)*

Quien te da lo que tiene, algo de lo tuyo quiere *(He who gives you what he has wants something from you)*

¿Quién te hace rico? ¡El que te mantiene el pico! *(Who makes you rich? The one who fills your beak!)*

Quien te mantiene, por hijo te tiene *(He who supports you considers you a son)*

Quien teme a su conciencia, cada día cumple su sentencia *(He who is fearful of his conscience carries out his sentence every day)*

Quien tenga tienda que la atienda y si no que la venda *(He who has a store should tend to it or sell it)*

Quien tenga tienda y no la atienda mejor que no la tenga *(He who has a store and doesn't tend to it should better not have it)*

Quien tiene compañero, tiene amigo y consejero *(He who has a companion has a friend and counselor)*

Quien tiene dos y gasta tres, ladrón es *(He who has two and spends three is a thief)*

Quien tiene pies, de cuando en cuando da traspiés *(He who has feet trips once in a while)*

Quien tuvo y ahorró, para su vejez guardó *(He who had and saved put away for his old age)*

Quien un mal hábito adquiere, esclavo de él vive y muere *(He who has a bad habit lives and dies a slave to it)*

Quien usos nuevos pone, a muchas censuras se expone *(He who uses something in a new way exposes himself to much criticism)*

Quien va a la feria, lo cuenta a su manera *(He who goes to the fair tells about it in his own way)*

Quien va pasito a pasito llega descansadito *(He who takes a little step at a time arrives little rested)*

Quien vale mucho, hace mucho *(He who is worth a lot does a lot)*

Quien vengarse quiere, calle y espere *(He who wants revenge should be quiet and wait)*

Quiere a la gente y usa las cosas, no quieras a las cosas y uses a la gente *(Love people and use things, don't love things and use people)*

Quítale al labriego el ajo, y lo conocerás en su trabajo *(Take the garlic from a farmer and you will know his work)*

Raro es el regalo tras el cual no se esconde algo malo *(Rare is the gift that doesn't hide something bad)*

Raza y cultura, hasta la sepultura *(You take your race and your culture all the way to the grave)*

Rebanada o tajada, grande es como me agrada *(Slice or chunk, big is how I like it)*

Recaudo hace cocina y no Catalina *(Condiments give the flavor to food, not the cook)*

Recordando y zurciendo, vamos viviendo *(Remembering and mending, we go on living)*

Recordar es desandar, y lo que antes se vivió, volverlo a contemplar *(Remembering is going back, and what was already lived will be seen again)*

Recuerda que las rosas tienen espinas pero agradece que las espinas tienen rosas *(Remember that roses have thorns but be grateful that thorns have roses)*

Religión y limpieza cada cual la que le interesa *(Religion and cleanliness is each person's choice)*

Reloj, caballo y mujer, tener bueno o no tener *(A watch, a horse and a woman…have a good one or none at all)*

Resbalada no es caída, pero es cosa parecida *(A slip is not a fall, but it is something similar)*

Resbalón de pie, si me caí me levanto; pero resbalón de lengua, no se remedia *(A stumble of the foot, if I fell I get up; a stumble of the tongue has no remedy)*

Responde a quien te llama, y ama a quien te ama *(Answer the one who calls you and love the one who loves you)*

Rico eres de bienes si te basta con lo que tienes *(You are wealthy in possessions if you are content with what you have)*

Rico no es el que más tiene sino el que menos necesita *(A wealthy man is not the one who has the most but the one who needs the least)*

Riñe cuando debas, pero no cuando bebas *(Fight when you should, but not when you drink)*

Riñen los amantes y quiéranse más que antes *(Lovers quarrel but love each other more after than before)*

Riqueza con tristeza, es peor que pobreza *(Wealth with sadness is worst than poverty)*

Rogado y pagado, dos veces comprado *(To beg and to pay is to buy twice)*

Roma no se construyó en un día *(Rome was not built in one day)*

Ropa de parienta no calienta *(Relatives' clothes are not warm)*

Rubias y morenas sacan a un hombre de penas *(Blondes and brunettes lift men out of their sadness)*

Ruin que se convida, deja a todos sin comida *(Invite a vile person to eat and he'll leave everyone with no food)*

Sabemos lo que somos pero no sabemos lo que podemos hacer *(We know who we are but not what we can do)*

Saber de pobre, moneda de cobre *(A poor man's knowledge is a copper coin)*

Saber mucho y decir tonterías, lo vemos todos los días *(To know a lot and speak foolishness, we see it every day)*

Saber por sólo saber, desperdicio viene a ser *(To know only for the sake of knowing is a waste)*

Saberlo ganar y saberlo gastar, eso es disfrutar *(To know how to earn it and how to spend it, that's pleasure)*

Sacar las brasas con la mano ajena *(Take out the coals using someone else's hand)*

Sacristán que cera vende, que es hurtada bien se entiende *(A deacon who sells wax, it's understood that it's stolen)*

Sacristán que vende cera y no tiene cerería, ¿de dónde la sacaría? *(A deacon who sell wax and does not have a candle factory, where does he get it?)*

Salario mínimo al presidente para que vea como se siente *(Minimum wage to the president so he sees how it feels)*

Sale más caro el caldo que las albóndigas *(The broth turns out more expensive than the meatballs)*

Salió de las llamas para caer en las brasas *(He got out of the flames to fall in the coals)*

Saliste de Guatemala para entrar a guatepeor *(You got out of Guatemala 'bad' to enter into guate 'worse')*

Saltó del sartén para caer en las brasas *(He jumped out of the frying pan in order to fall into the coals)*

Salud perdida, vela encendida; salud recobrada, vela apagada *(Ill health, lit candle; improved health, unlit candle)*

Salud y pesetas lo demás son puñetas (Health and money, everything else is hell)

Salud, pesetas y amor, y tiempo para disfrutarlo *(Health, money and love, and time to enjoy them)*

San Antonio da novio, San José matrimonio *(Saint Anthony gives a boyfriend, Saint Joseph gives marriage)*

Sarna con gusto no pica, pero mortifica *(A rash by choice doesn't itch, but it bothers)*

Satanás que al infierno vaya y nada suyo nos traiga *(The devil should go to hell and bring us nothing of his)*

Se ama sin razón y se olvida sin futuro *(One loves without reason and forgetting has no future)*

Sé amable con la persona más importante, tú mismo *(Be kind to the most important person, yourself)*

Se come la carne pero también el hueso se disfruta *(One eats the meat, but the bone is enjoyed as well)*

Se consigue más con miel que con hiel *(One gets more with honey than with impudence)*

Se escoge al amigo, más no al hermano ni al hijo *(One picks one's friend, but not one's brother nor son)*

Se gana por lo que se sabe no por lo que se hace *(One makes money for what one knows not for what one does)*

Se hace el mal cuando se deja de hacer el bien *(Evil is done when good ceases to be done)*

Se metió de redentor y salió crucificado *(He came as a savior but came out crucified)*

Se puede delegar la autoridad pero no la responsabilidad *(One can delegate authority but not responsibility)*

Se puede destruir el hoy por preocuparse mucho por el mañana *(One can destroy today by worrying too much about tomorrow)*

Se recobra el oro que se perdió, pero el tiempo perdido, no *(One can recover lost gold, but not lost time)*

Se tiene más paz mental cuando se perdona que cuando se juzga *(One has more peace of mind when one forgives than when one judges)*

Se van los amores y se quedan los dolores *(Love goes away and hurt remains)*

Seamos tú y yo buenos y habrá dos pillos menos *(Let' s you and I be good and there will be two less crooks)*

Secreto de dos, secreto de Dios; secreto de tres del demonio es *(A secret between two, God's secret; a secret between three belongs to the devil)*

Secreto de muchos, secreto de nadie *(Secret of many, nobody's secret)*

Secreto de tres, secreto no es *(A secret between three is not a secret)*

Secreto que saben tres, secreto de Lucifer *(A secret that three know about is Lucifer's secret)*

Según lo que leas, serán tus ideas *(As you read, so will be your ideas)*

Ser pobre y rico en un día, milagro de Santa Lotería *(To be poor and rich in one day is a miracle of Saint Lottery)*

Ser sin tener, apenas es ser *(To be without having is barely being)*

Seso de borrico tiene el que vive como pobre para morir rico *(Brains of a donkey is in the one who lives like a poor man in order to die rich)*

Si a la abeja ves beber, muy pronto va a llover *(If you see the honeybee drinking it will soon rain)*

Si a tu amigo quieres probar, finge necesidad *(If you want to test your friend, fake need)*

Si al pobre das tus sobras, en la otra vida las cobras *(If you give your leftovers to the poor, you will get them back in the next life)*

Si alguien dice algo malo de tí, tienes que vivir de manera que nadie le crea *(If someone says something unkind about you, you must live so that no one will believe it)*

Si alguien te traiciona una vez es su error, si te traiciona dos veces es tu error *(If someone betrays you once, it's his fault; if he betrays you twice, it's your fault)*

Si bien canta el abad, no le va muy lejos el acolito *(If the abbot sings well the acolyte is not far behind him)*

Si buen consejo tomara, otro gallo le cantara *(If she would follow advice, another rooster would crow for her)*

Si buscas una mano dispuesta a ayudarte, la encontrarás al final de tu brazo *(If you need a helping hand you will find it at the end of your arm)*

Si de joven cirquero, de viejo payaso *(If an acrobat when young, a clown when old)*

Si de noche lloras por el sol, las lágrimas te impedirán ver las estrellas *(If at night you cry for the sun, your tears will prevent you from seeing the stars)*

Si el mal no se sintiera, el bien no se conociera *(If one did not feel the bad, one would not recognized the good)*

Si el que no trabaja no comiera, barato el trigo estuviera *(If the one who doesn't work wouldn't eat, wheat would be cheap)*

Si el río suena, agua lleva *(If the river is noisy it carries water)*

Si el silencio vale más que la palabra, vale más no decir nada *(If silence is worth more than words, it's better not to say anything)*

Si engañas al médico o al abogado, en realidad tú eres el engañado *(If you deceive the doctor or the lawyer, you are really the one deceived)*

Si entre burros te ves, rebuzna alguna vez *(If you find yourself among donkeys bray once in a while)*

Si eres yunque aguanta, si eres mazo aplasta *(If you are an anvil resist, if you are a mallet squash)*

Si es para escarmentar, el perder es ganar *(If it's to gain experience, losing is winning)*

Si hay buen pan dulce, nadie quiere galletas *(If there are pastries, no one wants cookies)*

Si hemos de morirnos vámonos enfermando *(If we are to die, let's go on and get sick)*

Si hubiera sido alacrán, te pica *(If it had been a scorpion it would have stung you)*

Si la envidia fuera tiña, ¡cuantos tiñosos hubiera! *(If envy were a disease, how many diseased there would be!)*

Si la juventud supiera y la vejez pudiera, ¡qué no se consiguiera! *(If the young knew and the old could, what couldn't be accomplished!)*

Si la montaña viene hacia tí corre que es un derrumbe (*If the mountain comes toward you, run because it's an avalanche*)

Si le pagas a alguien por lo que sabe, nunca te dirá todo lo que sabe *(If you pay someone for what he knows, he will never tell you all that he knows)*

Si lo ves desde afuera otra cosa parece que fuera *(If you see it from the outside it looks like something else)*

Si los ojos no vieran, antojos no tuvieran *(If the eyes couldn't see, they would have no cravings)*

Si no eres casto, sé cauto *(If you are not chaste, be cautious)*

Si no eres parte de la solución eres parte del problema *(If you're not part of the solution you're part of the problem)*

Si no es Lencho, es Lencha *(If it's not Lencho it's Lencha)*

Si no es sí, es no *(If it's not yes, it's no)*

Si no lo cuidamos el santo se nos va al cielo *(If we don't take care of the saint, it will leave us for heaven)*

Si no puedes ayudar, no molestes *(If you can't help, don't annoy)*

Si no puedes vencer al enemigo, conviértete en su amigo *(If you cannot prevail over your enemy, become his friend)*

Si no saben comer tunas, no tiren los nopales *(If you don't know how to eat prickly pears, don't cut away the cactus)*

Si no sabes como funciona, no lo toques *(If you don't know how it works, don't touch it)*

Si no sabes hacerlo, busca quien sepa *(If you don't know how to do it, look for someone who knows)*

Si no sabes hacerlo, mejor no critiques *(If you don't know how to do it, better not criticize)*

Si no usas tu cabeza para pensar, tendrás que usarla para cargar *(If you don't use your head to think, you'll have to use it to carry loads)*

Si no puedes hacer lo que quieres, trata de querer lo que haces *(If you cannot do what you like, try to like what you do)*

Si nunca triunfas a la primera, no trates de ser paracaidista *(If you never succeed on the first try, don't try to be a parachutist)*

Si palabra diste, por esclavo te vendiste *(If you gave your word, you sold yourself as a slave)*

Si plantas amor cosecharás felicidad *(If you plant love you will harvest happiness)*

Si plantas chismes cosecharás intrigas *(If you plant gossip you will harvest deception)*

Si quieres criarte delgado y sano, la ropa de invierno úsala en verano *(If you want to grow thin and healthy, use your winter clothes in summer)*

Si quieres encontrar defectos en los humanos, usa un espejo *(If you want to find fault in humans, use a mirror)*

Si quieres hacer a tu mujer feliz, dale billetes de cien mil *(If you want to make your wife happy, give her big bills)*

Si quieres paz, Alicia, lucha por la justicia *(If you want peace, Alice, fight for justice)*

Si quieres paz, tienes que ser justo *(If you want peace, you must be fair)*

Si quieres vivir muchos años tienes que aceptar la vejez *(If you want to live many years you must accept old age)*

Si se tiene buena salud, ser viejo es mejor que ser joven *(If one has good health, it's better to be old than young)*

Si se vierte el salero, faltará la sal pero no el agüero *(If the salt shaker spills, salt will be lacking, but not a bad omen)*

Si te fuiste, has de cuanta que moriste *(If you're gone, your place is as if you had died)*

Si tienes miedo a que se te caiga una gota, derramarás todo *(If you're afraid of spilling a drop, you'll spill it all)*

Si todo lo demás falla, lea las instrucciones *(If everything else fails, read the instructions)*

Si todo lo demás falla, ve a ver al doctor *(If everything else fails, go see the doctor)*

Si tratas de hacerlo todo, no harás hada *(If you try to do every thing you will do nothing)*

Si tu hijo llora dele leche de tarro y si sigue llorando dele con el tarro *(If your baby cries give him canned milk, if it keeps on crying hit him with the can)*

Si un pájaro te dice que estás loco, debes estarlo pues los pájaros no hablan *(If a little bird tells you that you are crazy, you most likely are because little birds don't speak)*

Si ves las estrellas brillar, sal marinero al mar *(If you see the stars shine, sailor go to sea)*

Si ya estás montado en la mula, pégale para que camine *(If you have already mounted the mule, hit it to get it to walk)*

Siembra un árbol... has feliz a un perro (*Plant a tree... make a dog happy*)

Siempre bebe agua río arriba de donde está el ganado *(Always drink water upstream from where the cattle are)*

Siete vidas tiene el gato *(Seven lives has the cat)*

Siete vidas tiene el gato y la mujer tres o cuatro *(Seven lives has the cat and a woman three or four)*

Silencio pollos pelones que ya les voy a dar su maíz *(Quiet bald chickens, I'm getting ready to give you your corn)*

Silencio ranas que va a predicar el sapo *(Quiet frogs, the toad is going to preach)*

Sin comer ni beber, no hay placer *(There is no pleasure without food or drink)*

Sin dudar no hay acertar *(There is no certainty without a doubt)*

Sin enemigo viví porque a nadie favorecí *(I lived without enemies because I favored no one)*

Sin justicia para todos nunca habrá paz *(There will never be peace without justice for all)*

Sin peligro no se huye de un peligro *(You cannot flee from danger without danger)*

Sin sacarlo al mercado se vende el buen caballo *(A good horse will sell even if you do not take him to the market)*

Sobre advertencia no hay engaño *(There is no deceit after a warning)*

Sobre el muerto las coronas *(Over the deceased the wreaths)*

Sobre gustos y colores no han escrito los autores *(Authors have not written about tastes or colors)*

Sociedad y compañía, ni con la Virgen María *(Society and company, not even with the Virgin Mary)*

Solamente la cuchara sabe lo que hay dentro de la olla *(Only the spoon knows what is inside the pot)*

Sólo el que carga el cajón sabe lo que pesa el muerto *(Only the pallbearer knows how much the deceased weighs)*

Sólo el que nunca firmó, de haber firmado no se arrepintió *(Only the one who has never signed has never regretted signing)*

Sólo las cazuelas saben los hervores de sus caldos *(Only the pots know what is boiling in them)*

Sólo los guajolotes mueren la víspera *(Only turkeys die on the eve)*

Somos tan felices como decidimos serlo *(We are as happy as we decide to be)*

Suegra y nuera, perro y gato, nunca comen del mismo plato *(Mother in-law and daughter in-law, dog and cat, never eat from the same plate)*

Sufre callado lo que no puedas remediar hablando *(Keep to yourself what you cannot remedy by talking)*

Tabernero diligente, de quince copas hace veinte *(A diligent bartender makes 20 drinks out of 15)*

Tal para cual *(To each his own)*

Tal vez estén equivocados los que estén de acuerdo con nosotros, pero admiramos su astucia *(Perhaps those who agree with us are wrong, but we admire their cunning)*

También de dolor se canta cuando llorar no se puede *(It's also possible to sing out of pain when it's not possible to cry)*

También en Tonatico hace aire y uno que otro ventarrón *(In Tonatico there's also a breeze and an occasional wind gust)*

Tan bueno el pinto como el colorado *(The chestnut horse is as good as the pinto)*

Tan mala memoria tengo que si te vi no me acuerdo *(I have such a bad memory that if I saw you I don't remember)*

Tan opuestas como dos reinas en un panal *(They oppose each other as two queen bees in a hive)*

Tantas posesiones no han de ser de andar en procesiones *(So many possessions most likely are not the result of walking in processions)*

Tanto ganado como gastado no es buen recado *(It's not good news if you spent as much as you made)*

Tanto hace por tu fama quien te envidia como quien te alaba *(Those who envy you contribute as much to your fame as those who praise you)*

Tanto la lima mordió que sin dientes se quedó *(The file bit off so much that it was left with no teeth)*

Tanto peca el que mata la vaca come el que le amarra la pata *(The one who holds the cow's leg sins as much as the one who kills her)*

Tanto pujar pa' surrar aguado (*So much pushin' to end up runny and noisy*)

Tanto tiempo en la marina y no sabes ni nadar *(So long in the Navy and you don't know how to swim)*

Tanto va el cántaro al agua que ahí se queda *(The water jug goes so often to the water that it stays there)*

Tanto viejos como tiernos, pueden enseñar canas y cuernos *(Old or young, grey hair and horns (infidelity) can show)*

Tantos árboles no dejan ver el bosque *(So many trees don't allow the forest to be seen)*

Te puedes caer siete veces siempre y cuando te levantes ocho *(You can fall seven times as long as you get up eight)*

Te salvarás del rayo pero no de la raya *(You may escape lightning but not death)*

Témale al fuego, quien de paja haga su casa *(He who builds his house out of straw should fear fire)*

Teme al que no te teme *(Fear the one who doesn't fear)*

Tener la consciencia limpia es síntoma de mala memoria *(Having a clear conscience is a symptom of a poor memory)*

Tener la cuesta y las piedras *(To have the slope and the rocks)*

Tiempo dale al pez que él picará después *(Give the fish time…he'll bite later)*

Tiempo pasado, con pena recordado *(Times passed are remembered with sadness)*

Tiempo presente, al mentarlo ya es ausente *(Present time becomes the past as soon as you refer to it)*

Tirar la piedra y esconder la mano, es de villano *(A rogue throws the stone and hides his hand)*

Todas las mujeres son bellas pero no todos los hombres les ven la belleza *(All women are beautiful but not all men see their beauty)*

Todo árbol es madera pero el pino no es caoba *(All trees are wood but a pinetree is not mahogany)*

Todo asunto requiere su punto *(Each issue has a point)*

Todo exceso se convierte en vicio *(Each excess turns into a bad habit)*

Todo lo mundable es poco estimable *(All earthly things are worthless)*

Todo por servir se acaba *(Everything that is used gets used up)*

Todo rezo esconde un miedo *(Each prayer hides a fear)*

Todo se arregla con la santa paciencia *(Everything can be remedied with saintly patience)*

Todo se pega menos la salud *(Everything is infectious except health)*

Todo tiempo pasado fue anterior *(All time that has passed was before)*

Todos de Dios son hijos, malos y buenos, grandes y chicos *(All are sons of God, good and bad, big and small)*

Todos los días son de aprender y de enseñar también *(Every day is to learn and also to teach)*

Todos obedecen con gusto cuando el que manda gusta *(Everyone obeys gladly when they like the one who gives the orders)*

Todos pueden tener sombrero, pero no todos tienen cabeza donde ponerlo *(Everyone may have a hat but everyone doesn't have a head to put it on)*

Todos quieren vivir mucho tiempo pero nadie quiere hacerse viejo *(Everybody wants to live a long time but nobody wants to get old)*

Todos somos mortales antes del primer beso o del segundo vaso de vino *(We are all mortal before the first kiss or the second glass of wine)*

Tomó una cucharada de su propia medicina *(He took a spoonful of his own medicine)*

Tonto es quien presta un libro pero más tonto quien lo regresa *(The one who lends a book is a fool but more of a fool is the one who returns it)*

Tontos y locos nunca fueron pocos *(There were never few fools or lunatics)*

Trabaja como si no necesitaras el dinero *(Work as if you didn't need the money)*

Trabajo es lo que estamos obligados a hacer, diversión es lo que no estamos obligados a hacer *(Work is what we are obligated to do, fun is doing what we are not obligated to do)*

Trae contigo y comerás conmigo *(Bring it with you and you'll eat with me)*

Traición bajo amistad, es doble maldad *(Betrayal among friends is doubly wicked)*

Tras la tempestad viene la calma *(After the storm comes the calm)*

Trasnochar y madrugar no pueden ir a la par *(To be out all night and get up early don't go hand in hand)*

Trata de matar el tiempo antes de que el tiempo te mate a tí *(Try to kill time before time kills you)*

Tratándose de cerdos todo es dinero y tratándose de dinero todos son cerdos *(Talking about pigs everything is money; talking about money everyone is a pig)*

Trato hecho jamás desecho *(Once a deal is made it should never be undone)*

Tres en el matrimonio o dos en la cocina, no es buena medicina *(Three in marriage or two in the kitchen is not good medicine)*

Tropezando y cayendo a caminar va el niño aprendiendo *(Tripping and falling a child learns to walk)*

Tropezar no es caer pero lo suele parecer *(Tripping is not falling but it tends to look like it)*

Tu deseo bueno que sea para quien bien te desea *(May your good wish be for the one who wishes you well)*

Tu hacienda y tu mujer a la vista las debes tener *(Keep an eye on your estate and your wife)*

Tu montón y mi montón entre más separados mejor *(Your pile and my pile, the further apart the better)*

Tu mujer en tu casa y tus amigos en la plaza si no está cerca de tu casa *(Keep your wife at home and your friends in the town square unless it is close to your home)*

Tu principal heredero tú mismo debes de serlo *(You should be your main heir)*

Tu secreto dijiste, esclavo te hiciste *(You told your secret, you made yourself a slave)*

Tu secreto, ni al más discreto *(Your secret….not even to the most discreet)*

Tus hijos harán contigo lo que tu hicieres conmigo *(Your children will do with you what you would do with me)*

Un abogado listo, te hará creer lo que nunca has visto *(A smart lawyer will make you believe what you have never seen)*

Un acto de compasión lleva en sí su propia recompensa *(An act of compassion contains its own reward)*

Un amigo alegre y decidor, para caminar no hay mejor *(A cheerful and witty friend, there's no one better to walk with)*

Un año de ciencia enseña más que diez años de experiencia *(A year of science teaches more than ten years of experience)*

Un barbero es la crónica del pueblo entero *(A barber is the newspaper of the whole town)*

Un basurero no huele a su compañero *(A garbage man does not smell his fellow worker)*

Un bebé puede ponerse el pie en la boca, un viejo casi no puede ni amarrarse los zapatos *(A baby can put his foot in his mouth, an old man can hardly tie his shoes)*

Un buen yerno, un hijo más; un mal yerno, una hija menos *(A good son in-law, another son; a bad son in-law, one daughter less)*

Un ciego lloraba un día porque un espejo no tenía *(A blind man cried one day because he didn't have a mirror)*

Un diablo bien vestido por ángel es tenido *(A well-dressed devil can be taken for an angel)*

Un espejo roto no admite nada más que comprar otro *(A broken mirror only means that you have to buy another one)*

Un granito de pimienta, así en el guiso como en el habla, bien sienta *(A dash of pepper sits well in food and in conversation)*

Un hijo o dos es lo que quiere Dios, pero tres bastante es *(God wants one or two children, but three is enough)*

Un hogar se hace no se compra *(A home is made not bought)*

Un hombre con buen talento, vale por un ciento *(A talented man is worth 100 men)*

Un hombre sólo es dueño de lo que no perdiera en un naufrago *(A man owns only that which he would not lose in a shipwreck)*

Un hombre solo, está mal acompañado *(A man alone is not in good company)*

Un invierno en casa pronto pasa *(A winter at home goes by quickly)*

Un lobo a otro lame y no come su carne *(A wolf licks another wolf but does not eat its flesh)*

Un lugar para cada cosa y cada cosa en su lugar *(A place for everything, and everything in its place)*

Un mal paso a veces dura hasta la sepultura *(A wrong turn sometimes lasts until the grave)*

Un negro en la nieve es un blanco perfecto *(A black man in the snow is a perfect target)*

Un niño es cera y se hará de él lo que quiera *(A child is wax and whatever is wanted will be done with him)*

Un ojo al gato y el otro al garabato *(One eye on the cat and the other on the meathook)*

Un pan con Dios y no con el diablo dos *(One piece of bread with God, and not two with the devil)*

Un quizá ni ata ni desata *(A perhaps neither binds nor unties)*

Un retrato dice más que mil palabras *(A picture says more than a hundred words)*

Un solo golpe no derriba a un roble, pero si muchos le dan lo derribarán *(One blow does not knock down the oak but if many strike it it will fall)*

Una aguja en un pajar es difícil de encontrar *(A needle in a haystack is difficult to find)*

Una araña es feliz con un mosquito en su telaraña *(A spider is happy with a mosquito in her web)*

Una artimaña con otra se engaña *(One scheme can be fooled with another scheme)*

Una cosa en la boca y otra en el corazón es decepción *(One thing in the mouth and another in the heart is deception)*

Una de cal por dos de arena *(One bag of lime for two of sand)*

Una desgracia a cualquiera le pasa *(A misfortune can happen to anyone)*

Una deuda veinte engendra *(One debt creates twenty)*

Una familia sin comunicación es una familia en peligro de extinción *(A family without communication is a family in danger of extinction)*

Una gota de tinta, cuánta honra puede dar y cuánta puede quitar *(A drop of ink...how much honor it can bring and how much it can take away)*

Una hora de alegría compensa diez malos días *(An hour of joy makes up for ten bad days)*

Una hora de alegría es un año de buena vida *(An hour of joy is a year of good life)*

Una mala lengua hiere más mal que un puñal *(An evil tongue hurts worse than a dagger)*

Una manzana al día, al médico te ahorraría *(An apple a day will save you from doctor)*

Una palabra noble puede calentar tres meses de invierno *(A kind word can warm up three months of winter)*

Una persona es producto de sus propios pensamientos *(A person is the product of his own thoughts)*

Una persona mentirosa es una persona peligrosa *(A person who lies is a dangerous person)*

Una regla tiene el juego para siempre ganar: no jugar *(There is one rule to always win: don't gamble)*

Una respuesta amable calma cualquier enojo *(A kind response calms any anger)*

Una sola araña cien moscas apaña *(A single spider catches 100 flies)*

Una vez al año ni a los viejos hace daño *(Once a year doesn't even hurt the old)*

Una vez al año no hace daño *(Once a year doesn't hurt)*

Una vez sobre el caballo, hay que cabalgar *(Once on the horse one must gallop)*

Una vez un papel rompí, mil veces me arrepentí *(I ripped a piece of paper once and regretted it a thousand times)*

Unas veces cayendo y otra tropezando la vamos pasando *(Sometimes falling and other times tripping we go along)*

Unas veces comiendo y otras ayunando la vamos pasando *(Sometimes eating and other times fasting we go along)*

Unas veces ganando y otra perdiendo vamos viviendo *(Sometimes winning and other times losing we live our lives)*

Unas veces riendo y otras llorando la vamos pasando *(Sometimes laughing and other times crying we go along)*

Uno calienta el horno y otro se come el pan *(One heats the oven and another eats the bread)*

Uno muere como uno vive *(One dies as one lives)*

Uno no deja de reír cuando se hace viejo *(One does not stop laughing when one becomes old)*

Uno no puede salvarte, uno sí puede condenarte *(One cannot save you but one can condemn you)*

Uno que a redentor se metió, crucificado murió *(The one who made himself a savior died crucified)*

Uno que en su casa la vergüenza dejó, nunca más la encontró *(The guy who left his dignity at home never found it again)*

Uno viste al mono pa' que otro lo baile *(One dresses the monkey so someone else will dance with him)*

Uno viste al santo pa' que otro le rece *(One dresses the saint so that someone else will pray to him)*

Unos a otros en el prado se rascan los potros *(Colts scratch each other in the fields)*

Unos cargan la lana y otros cargan la fama *(Some people carry the wool and others carry the fame)*

Unos dicen lo que saben y otros saben lo que dicen *(Some people say what they know and others know what they say)*

Unos trabajan y otros los naipes barajan *(Some people work and others shuffle cards)*

Usted es lo que usted sabe *(You are what you know)*

Vále mas caer en gracia que ser graciosa *(It is better to be liked than to be cute)*

Vale más hacer y arrepentirse, que no hacer y arrepentirse *(It is better to do and regret than not to do and regret)*

Vale más prevenir que remediar *(It is better to prevent damage than to repair it)*

Valiente con los pies, cualquier cobarde lo es *(Any coward is brave with his feet)*

Valiente de palabra pero ligero de pies *(Brave with his word but quick with his feet)*

Valientes por el diente, conozco más de veinte *(Brave by mouth…I know more than 20 of them)*

Vamos a ver de que sufre esa mujer, se muere de hambre o no tiene que comer *(Let's see what's wrong with that woman, is she hungry or does she have nothing to eat)*

Vas a Roma a buscar lo que tienes en tu loma *(You go to Rome to find what you have on your hill)*

Vence el miedo a perder y ganarás *(Conquer the fear of losing and you will win)*

Venido un mal, otros vienen detrás *(Once a misfortune arrives, another comes right behind it)*

Vida sin amigos, muerte sin testigos *(Life without friends, death with no witnesses)*

Vieja de tres veintes no es raro que el diablo la tiente *(An old woman of three twenties—it's not rare that the devil tempts her)*

Vieja y fea, el demonio que la vea *(Old and ugly…let the devil look at her)*

Viejo el aire y todavía sopla *(The air is old but it still blows)*

Viejo que buen vino bebe, tarde muere *(An old man who drinks good wine dies late)*

Viejo que con joven se casa, de cornudo se la pasa *(An old man who marries a young woman live betrayed)*

Viejos los cerros y reverdecen *(The hills are old and become green again)*

Vino y mujeres dan más pesares que placeres *(Wine and women give us more pain than pleasure)*

Vino, tabaco y mujer echan al hombre a perder *(Wine, tobacco and woman ruin a man)*

Virtud escondida es la de Dios preferida *(Hidden virtues are preferred by God)*

Virtud no premiada, virtud pronto desmayada *(Virtue that is not acknowledged, virtue soon vanished)*

Vista baja no es buena alhaja *(A downward gaze is not becoming)*

Vísteme despacio que voy deprisa *(Dress me slowly because I am in a hurry)*

Vístete como rico para ir con los pobres *(Dress like a rich man to go with the poor)*

Viuda honrada, puerta cerrada *(Honest widow, closed doors)*

Vive como beato y cazarás un gato *(Live piously and you'll catch a cat)*

Vive como viejo si quieres llegar a serlo *(Live like an old man if you wish to become one)*

Vive con Andrés un mes y verás como es *(Live with Andrés a month and you'll see how he is)*

Vive con tus padres hasta que tus hijos te mantengan (*Live with your parents until your children support you*)

Vive tu vida como una exclamación, no como una explicación *(Live your life like an exclamation, not like an explanation)*

Vuelve lo suyo a su dueño y tendrás buen sueño *(Return what's his to its owner and you will sleep well)*

Ya comí, ya bebí, ya no me hallo bien aquí *(I already ate, I already drank, now I don't belong here)*

Ya el dado echado, estemos a lo que diga el dado *(Once the dice are tossed, we adhere to what the dice say)*

Ya hecho el daño todos lo hubiésemos evitado *(Once the damage is done, all of us could have prevented it)*

Ya no quiere, el ratón, queso sino salir de la ratonera *(The mouse doesn't want the cheese anymore, rather it wants to get out of the mousetrap)*

Ya que aprendiste a cobrar, aprende también a trabajar *(Now that you know how to collect, learn also how to work)*

Ya que nos lleva el diablo que sea en coche y no arrastrando *(Since the devil is going to take us, let it be in an automobile and not dragged)*

Yendo dos en compañía no es larga ninguna vía *(When two are traveling together, no route is long)*

Yo acompaño a mis amigos hasta el cementerio pero no me entierro con ellos *(I accompany my friends to the cemetery but I don't bury myself with them)*

Yo la mato y tú la tienes en el plato *(I kill it and you have it on the plate)*

Yo me comeré la polla, y tú lo demás de la olla *(I will eat the chicken; you can have the rest of the pot)*

Yo no soy nadie pero soy lo que sé *(I am nobody but I am what I know)*

Yo no vengo a ver si puedo, sino porque puedo vengo *(I don't come to see if I can, but rather because I can)*

Yo nunca digo nunca *(I never say never)*

Yo quisiera ser lo que era cuando deseaba ser lo que soy *(I would like to be what I was when I wanted to be who I am)*

Yo soy la carne y usted el cuchillo *(I am the meat and you are the knife)*

Zanahoria y nabos, primos hermanos *(Carrot and turnip, first cousins)*

Zapatero a tus zapatos *(Shoe repairman…to your shoes)*

Zapatero remendón, ya en el oficio lleva el don *(A shoemaker puts his craft at work on the job)*

Zapato que le duela al que sin llamar se cuela *(Let his shoes hurt, the one who cuts in line without being called)*

Zapatos de charol, ni para el frió ni para el calor *(Patent leather shoes, neither for cold nor for heat)*

Zorro que duerme de día, de noche anduvo de cacería *(The fox that sleeps by day was hunting last night)*

Zurcir bien es más que tejer *(Mending is more than knitting)*